Alfred Gilbert

Deutsche Geschichte in Form von Tabellen

Abteilung 1

Alfred Gilbert

Deutsche Geschichte in Form von Tabellen
Abteilung 1

ISBN/EAN: 9783743682924

Hergestellt in Europa, USA, Kanada, Australien, Japan

Cover: Foto ©ninafisch / pixelio.de

Weitere Bücher finden Sie auf **www.hansebooks.com**

Deutsche Geschichte

in Form von Tabellen.

Von

Alfred Gilbert,
Professor an der Königl. Landesschule zu Grimma.

Erste Abtheilung.

Grimma,
Druck von C. Roessler.

Geschichtsperioden.

x—374 n. Chr.	**Alte Geschichte, im Wesentlichen die vorchristliche Zeit.**
[x—558 v. Chr.	I. Hauptperiode, von den ältesten Zeiten bis auf Kyrus.
558—323 v. Chr.	II. Hauptper., von Kyrus bis zu Alexander's des Gr. Tod.
323 v.Ch.—374 n.Ch.	III. Hauptper., von Alexander's des Gr. Tode bis zur Völkerwanderung.
374—1517 n. Ch.	**Mittlere Geschichte, von der Völkerwanderung bis zur Reformation.**
374—768	I. Hauptper., von der Völkerwanderung bis zu Karl's d. Gr. Thronbesteigung.
768—1096	II. Hauptper., von Karl dem Gr. bis zu den Kreuzzügen.
1096—1291	III. Hauptper., Zeitalter der Kreuzzüge.
1291—1517	IV. Hauptper., vom Ende der Kreuzzüge bis zur Reformation.
1517—1789	**Neuere Geschichte, von der Reformation bis zur französischen Revolution.**
1517—1648	I. Hauptper., v. d. Reformation bis z. westphälischen Frieden.
1648—1789	II. Hauptper., vom westphäl. Frieden b. z. französ. Revolution.
1789—z. Gegenw.	**Neueste Geschichte, von der französischen Revolution bis zur Gegenwart.**
1789—1815	I. Hauptper., von der französ. Revolution bis zum Wiener Frieden, Zeiten der Revolution.
1815—1830	II. Hauptper., vom Wiener Frieden bis zur französ. Julirevolution, Zeiten der Restauration.
1830—z. Gegenw.	III. Hauptper., von der französ. Julirevolution bis zur Gegenwart, im Wesentlichen Zeiten der polit. Reform.
374—843	Vorgeschichte des deutschen Volkes.
843—1806	Das deutsche Reich.
	Regentenhäuser.
843—911	Karolinger.
912—918	Konrad I. (aus dem deutschfränkischen Stamme).
919—1024	Liudolfinger oder Könige u. Kaiser aus dem sächs. Stamme.
1024—1125	Konradinger (auch Salier) oder Kaiser aus dem deutschfränkischen Stamme.
1125—1137	Lothar aus dem sächsischen Stamme.
1138—1254	Hohenstaufen oder Kaiser aus dem schwäbischen Stamme.
1254—1273	Interregnum.
1273—1437	Kaiser aus verschiedenen Häusern.
	(1347—1437 Kaiser aus d. Hause Luxemburg mit Ausnahme Ruprecht's v. d. Pfalz 1400—1410).
1438—1806	Habsburger, nur von 1740—1742 Reichsverweser und von 1742—1745 Karl VII. Albert von Bayern.
1806—1815	Rheinbund. Auflösung des Reichs. Fremdherrschaft.
1815—x	Der deutsche Bund.

Geschichte Deutschlands im Mittelalter.

374—1517		
374-768 n.C.	**I. Hauptperiode.**	**Vorgeschichte des deutschen Volkes.** Völkerwanderung. Fall des weström. Reiches. Entstehung der romanischen und germanischen Reiche im Abendlande und Ausbreitung des Christenthums in denselben.
374—568		**Die Völkerwanderung.** [Quellen: Jornandes, Idacius u. a.]
s. 100 n. Ch.	Die Hunnen (schon seit 60 v. Ch. in Bewegung) dringen aus Hoch- und Mittel-Asien vor, überwältigen die Alanen und drängen nach Hermanrich's, des Gothenkönigs, Tode	
s. 374	die Gothen vorwärts, deren Reich	
350—370	unter Hermanrich sich von der Wolga und dem schwarzen Meere bis zur Oder und Ostsee erstreckt hatte. Sie bilden einen Völkerbund. Gegen Ende des IV. Jahrhunderts giebt es vier dergleichen:	
1)	Die Alamannen, suevische Völker, eingedrungen in das röm. Gebiet auf dem rechten Rheinufer.	
2)	Die Franken (Istaevonen) am Niederrhein brechen um 300 n. Ch. in's römische Gebiet ein und machen von der Mosel und Maas aus Streifzüge in's mittlere Gallien.	
3)	Die Sachsen (Ingaevonen) plündern die Küsten Galliens und Britanniens.	
4)	Die Gothen, ebenfalls suevische Völker, von der Weichsel bis zum schwarzen Meere, engverbunden mit den Vandalen. Sie theilen sich in Vandalen, West- und Ostgothen.	
	Die Vandalen lassen sich unter Constantin in Pannonien nieder. Wie diese, so werden	
	die Westgothen, die sich in Dacien (274) niederliessen, schon seit dem dritten Jahrh., noch mehr aber seit dem vierten, Christen durch arianische Geistliche. (Ulphilas.) Bei ihnen das Königshaus der Baltungen aus dem Stamm der Therwinger.	
	Die Ostgothen, welche vom schwarzen Meere aus die griechischen Küsten plündern, unterwerfen die Alanen an Don und Wolga. Bei ihnen das Königshaus der Amalungen aus dem Stamm der Greutunger.	
374	Nach Hermanrich wird ein Theil der Westgothen unter Fridigern durch Valens in's röm. Reich aufgenommen.	
376	Fridigern, gedrückt, empört sich,	

Völkerwanderung.

9. Aug. 378	bei Adrianopel wird Kaiser Valens von ihm besiegt und fällt in der Schlacht, worauf auch der andere Theil, die heidnischen Westgothen, an die Donau zieht.
378—386	erhalten die Westgothen Wohnsitze in Thracien durch Theodosius.
397	fallen sie unter Alarich in Griechenland ein, werden durch Stilicho geschlagen, erhalten aber von Arcadius (Rufinus) Ostillyricum.
401—403	Alarich, von Rufinus angetrieben, fällt in Italien ein, wird aber von Stilicho bei Pollentia und Verona geschlagen. Stilicho ruft zum Schutze Italiens gegen die Gothen die röm. Legionen aus Britannien zurück.
406	Die Schaaren des Rhadagais bei Florenz geschlagen.
408	Alarich fällt abermals in Italien ein. Von seinen Gothen
24. Aug. 410	wird Rom erobert und geplündert.
409	Die Burgunder gehen über den Rhein. Aus Pannonien ziehen durch Gallien nach Spanien Sueven (Galizien), Vandalen (Andalusien), Alanen (Alemtejo).
410	Die Franken im nördlichen Gallien.
414—416	Die Burgunder an der Saône und Rhone.
s. 415	Die Westgothen unter Wallia in Aquitanien, diesseits und jenseits der Pirenäen; Reich von Tolosa.
429	Die Vandalen, vom röm. Statthalter Bonifacius gerufen, gehen unter Geiserich aus Spanien nach Nordafrika und plündern von hier aus Sicilien, Sardinien, Italien.
409	Die letzten röm. Truppen verlassen Britannien.
s. 449	Angeln und Sachsen in Britannien.
451	Bei Châlons s/M. werden die Hunnen unter Attila von Aëtius und den mit ihm verbundenen Burgundern, Franken, Westgothen geschlagen. Attila † in Italien 453. Venedig in den Lagunen des adriat. Meeres gegründet. Die Hunnen gehen an das schwarze Meer zurück, ihr Reich zerfällt.
	Die Ostgothen nehmen ihre Sitze in Pannonien, die Gepiden in Dacien, die Longobarden nördlich von diesen, die Thüringer im mittlern Deutschland, die Bojoaren im südöstlichen Deutschland.
568	Die Longobarden ziehen unter Alboin nach Oberitalien.

Dauer der germanischen Reiche.

429—534	1) Das Vandalenreich in Nordafrika. Es wird (Schlacht bei Tricameron 533) durch Belisar, Feldherrn Justinians (527—565),
534	zerstört.
	2) Die Spanischen Reiche.
409—585	a) Das Suevenreich durch die Westgothen zerstört.
415—711	b) Das Westgothenreich (seit 589 katholisch, vorher arianisch) zerstört durch den Sieg, welchen Tarik, Unterfeldherr des Musa, unter Chalif Al Walid
19-26. Juli 711	bei Jeres de la Frontera (705—715) über den Westgothenkönig Roderich erkämpft.

s. 410	3) Das Frankenreich besteht fort. Durch die Franken werden andere Reiche zerstört oder ihrer Selbstständigkeit beraubt.
496	a) Die Alamannen werden unterworfen. (Schlacht bei Zülpich). Ferner werden
530	b) das Thüringerreich,
534	c) das Burgunder = Nibelungenreich,
774	d) das Longobardenreich zerstört.
788	e) Das Herzogthum Bayern wird vom Frankenreich abhängig,
803	f) die Sachsen werden unterworfen.
449—827	4) Die angelsächsischen Königreiche in Britannien werden
827	durch Egbert d. Gr. zu einem Reiche vereinigt, welches durch die Dänen lange beunruhigt und endlich erobert, aber auch wieder frei wird von der dän. Herrschaft und bis 1066 fortbesteht.
476—493	5) Die Herrschaft Odoaker's in Italien.
476	Romulus Augustulus, des Feldherrn Orestes Sohn, letzter röm. Kaiser, wird durch Odoaker, Anführer der deutschen Söldner im röm. Dienste (Heruler und Rugier), gestürzt.
489—493	wird Odoaker von dem Ostgothenkönig Theodorich mehrmals (bei Aquileja, Verona, an der Adda) besiegt, in Ravenna belagert, zur Ergebung genöthigt, getödtet.
493—553	6) Das Ostgothenreich. [Quellen: Cassiodorus. Procopius.]
493—526	Theodorich, Sohn Theudemir's, in der Gegend von Wien 455 geboren, als Geisel in Constantinopel 7 Jahre lang erzogen, seit 475 Herzog, seit 489 König der Ostgothen, erobert Italien und die angränzenden Länder. Ausdehnung des Reiches von Pannonien bis zur Provence, von der Donau bis Sicilien. Ein Drittheil des eroberten Landes nimmt er für seine Gothen und lässt die Unterworfenen bei ihren eigenen Gesetzen. **Wiederhersteller Italiens.** Verona (Dietrichsbern) und Ravenna seine Residenzen. Einflussreich im Ausland, auch durch seine Familienverbindungen — **Vater der Könige**. Obgleich Arianer, zeigt er anfangs Duldsamkeit gegen die Katholiken und wird erst später, als die Arianer im ostrüm. Reiche unter Justin I. verfolgt werden, misstrauisch und hart (Hinrichtung des Boëthius und Symmachus), bereut aber auch seine Härte wieder.
526—534	Athalarich, 10 Jahre alt, Enkel Theodorich's von seiner Tochter Amalasuintha.
534—535	Amalasuintha und Theodat (ihr Vetter und Gemahl). Amalasuintha wird von Theodat ermordet. Justinian schickt ein Heer unter Belisar gegen ihn, angeblich um ihn zu strafen. Theodat aber wird von den Seinen entsetzt und ermordet und
536—539	Vitiges auf den Thron erhoben. Belisar besiegt ihn und schickt ihn nach Constantinopel.
539—541	Ildebald und Erarich.
541—552	Totilas. Er erobert Italien wieder, das abwechselnd von Gothen, Griechen, Alamannen, Franken verwüstet wird.
543—549	vermag Belisar nichts gegen ihn auszurichten und wird abgerufen.

552	Bei Taginae (nördl. von Perusia) wird Totilas von Narses geschlagen und †.
552—553	Tejas. Er wird
553	bei Cumae von Narses geschlagen und fällt. Ein Theil der Ostgothen (am Po) ruft die Franken zu Hülfe, welche unter Leutharis, verbunden mit Alamannen unter Bucelin, 70,000 stark, in Italien plündernd umherziehen.
553	Bei Capua am Volturnus werden die Alamannen von Narses besiegt, die andern durch Krankheiten aufgerieben. Die Ostgothen selbst verlassen Italien und verschwinden aus der Geschichte.
553—568	Oberitalien röm. Provinz unter dem Exarchen von Ravenna. Narses Exarch. Nach der Eroberung Oberitaliens durch die Longobarden besteht noch ein Rest als
bis 728	Exarchat von Ravenna fort.

568—774	**Das Longobardenreich.** [Quellen: Paulus Diaconus u. a.]
568—573	Alboin, angeblich von dem durch eine Hofpartei gestürzten Narses eingeladen, zieht nach Italien, nimmt Pavia und beherrscht bald den grössten Theil der Halbinsel. Nur Ravenna, Venedig, Rom, Neapel, Calabrien, Apulien, ein Stück der Ligurischen Küste bleibt dem oströmischen Reiche. Er wird ermordet auf Anstiften seiner Gattin Rosamunde.
573—575	Kleph, grausam, wird ermordet.
575—585	Kein König, die Herzoge unabhängig in ihren Gebieten.
586—590	Autharis, seine Gemahlin Theodolinde von Bayern.
591—616	Agilulf, Theodolindens zweiter Gemahl, Katholik durch Theodolinde.
616—626	Adelwald.
626—636	Ariwald von Turin.
636—652	Rotharis lässt das longobardische Recht aufzeichnen.
652—663	Aribert und seine Söhne — Thronstreit.
663—671	Grimoald, Herzog von Benevent. Unter ihm die meisten Lombarden Katholiken.
671—712	5 schwache Könige.
713—743	Liutprand verbessert die Gesetze, regiert kräftig. Er benutzt die durch den Bilderstreit (seit 726) entstandene Unzufriedenheit mit Ostrom, um einen Theil des Exarchats von Rom loszureissen.
728	
743—749	Rachis geht in's Kloster. Ihm folgt sein Bruder
749—756	Aistulph, der Ravenna und den noch übrigen Theil der ostrüm. Besitzungen erobert und das von Byzanz unabhängig gewordene röm. Gebiet angreift.
754—755	Pipin, seit 752 König der Franken, wird von Papst Stephan II. zu Hülfe gerufen, besiegt Aistulph und giebt das Gebiet von Ravenna und Rom dem Papste zu Lehen. Pipin's Schenkung. Sage de donatione Constantini.
756—774	Desiderius, von Karl d. Gr. besiegt, wird in's Kloster Corbie (Picardie) geschickt, das Longobardenreich dem fränkischen einverleibt.

Ausbreitung des Christenthums im Abendlande.

i. II. u. III. Jrh.	kommt das Christenthum durch die röm. Herrschaft nach Vienne in Gallien und nach Britannien. Stammkloster Bangor.
381—400	Martinus von Tours thätig für Ausbreitung des Christenthums.
i. V. u. VI. Jrh.	Caesarius von Arles und Avitus von Vienne treiben Mission unter Westgothen und Burgundern.
496	Chlodwig's, des Frankenkönigs, Uebertritt zum Christenthum (katholische Form).
496—511	Uebertritt der Franken, weniger noch der Burguder.
432—465	Patrik (Succat), geb. in Schottland (Bonnaven, jetzt Kirk Patrik bei Glasgow) Bischof in Armagh, treibt Mission in Irland. (Insula sanctorum, wegen seiner zahlreichen Klöster.)
nach 500	Kloster Bangor (Benchor) in Irland von Comgall gestiftet.
565—597	Columba aus Irland bringt das Christenthum zu den nördlichen Picten, die ihm die Insel Ily (St. Jona) übergeben.
597	Augustin, Abt, mit 40 Mönchen von Gregor I. gesandt, kommt zum König von Kent. Feindliches Verhältniss zu den altbrit. Christen, aber schnelle Bekehrung der Angelsachsen.
597—668	Irländer und Altbriten gehen als Missionäre zu den Franken und nach Germanien.
590—615	Columban aus dem irischen Bangor wirkt mit 12 Gefährten in den obern Vogesen, am Zürcher See und Bodensee u. stiftet Bobbio in Oberitalien (südl. von Piacenza), wo er stirbt.
590—640	Gallus aus Irland wirkt am Bodensee und sonst in der Schweiz, wo er St. Gallen stiftet, ausgezeichnet durch Sorge für Jugenderziehung, Bildung von Geistlichen, zahlreiche Schüler.
650—689	Kilian (Kyllene), ein Irländer, wirkt in Wirceburg bei Herzog Gotzbert, wird von dessen Gattin Grylane ermordet.
453	St. Severinus hatte in frühester Zeit in Bayern das Christenthum gepredigt. Sein und anderer Missionäre Werk setzt fort
651—654	St. Emmeran zu Regensburg, der jedoch bald erschlagen wird.
696—716	Ruodpert, der bedeutendste Bayernapostel, stiftet das Bisthum Salzburg.
717—730	Corbinian gründet das Bisthum Freising.
	Bei den Frisen hatten
† 679	St. Amandus und St. Eligius ziemlich zuerst das Christenthum gepredigt. Auch
677—678	Wilfrid wirkt unter den nördlichen Frisen. Sehr eifrig ist
gb. 648 † 739	Willibrord, ein Angelsachse, der das Bisthum Wiltaburg (Utrecht) stiftet und die den Franken unterworfenen Frisen gewinnt, während die unabhängigen unter Ratbod Heiden bleiben.
	Suidbert, sein Gefährte, in Westphalen thätig, wird hier vertrieben und stiftet am Rhein das Kloster Kaiserswerth auf einer Rheininsel, die Pipin von Heristal ihm geschenkt.
	Unter Willibrord macht Winfrid seine ersten Missionsversuche.
	Theodor aus Cilicien (650—700), Erzbischof von Canterbury, pflanzt in England griechische Wissenschaft u.

	hat viele Schüler, unter ihnen Beda venerabilis, Presbyter, der wieder andere für die Studien und zugleich für den Missionsberuf begeistert. Zu diesen gehört der bedeutendste unter allen
gb. 682 † 755	Winfrid, geb. zu Kyrton (Crediantum) in Wessex, aus einem edlen Geschlechte, gebildet in den Klöstern zu Exeter und Nudcelle.
716	Sein Missionsversuch unter den Frisen.
718	I. Reise nach Rom; die Mission in Ostfranken und Thüringen wird ihm übertragen. Darnach wirkt er abermals unter den Frisen, will aber nicht Willibrord's Nachfolger in Utrecht werden. Dann geht er zu den Chatten.
722	Amanaburg (Kloster) im Hessegau unweit Marburg von ihm gestiftet.
723	II. Reise nach Rom. Winfrid, nun Bonifacius, erhält die Bischofsweihe als episcopus regionarius und verspricht eidlich, die Reinheit der Lehre und die Einheit der katholischen Kirche bewahren zu wollen. Darnach erneuert und befestigt er die christlichen Anlagen in Hessen und Thüringen und bekehrt auch Heiden. Kloster Fritzlar angelegt. Die heilige Eiche bei Dorf Geismar gefällt.
725	Die Kapelle auf dem Altenberge in Thüringen, vielleicht nur eine Erneuerung altthüring. Christenthums. Das Kloster des h. Michael zu Ohrdruf. Hersfeld.
732	wird er zum Erzbischof von Germanien ernannt.
738	III. Reise nach Rom. Er wird beauftragt, eine feste kirchliche Ordnung in Deutschland einzuführen. Er gründet darauf in Hessen das
744	Kloster Buraburg bei Fritzlar u. das Kloster Fulda. Buraburg, Wirceburg, Eichstädt, Erfurt Bisthümer in Thüringen. — Regensburg, Passau, Freising, Salzburg Bisthümer in Bayern. Auch Alamannien mit den alten Bisthümern Mainz, Worms, Speier, Strassburg, Vindonissa (Constanz), Chur, Augsburg wird geordnet und Rom unterworfen.
742—743	Cöln schliesst sich ebenfalls an. Er übt mächtigen Einfluss auf die fränkische, austrasische, belgische Kirche. (743 Synode zu Lestines oder Liptinae.)
748—754	Bonifacius Erzbischof von Mainz und Primas von Deutschland.
754	legt er sein Amt nieder — Lullus sein Nachfolger —
5. Juni 755	bei Doccum in Ostfrisland mit 52 Gefährten erschlagen.
Mitte IX. Jrh.	Methodius († 885 od. 910) und Cyrillus Slavenapostel unter den Magyaren und Bulgaren, Böhmen und Mähren. Slav. Alphabet und Uebersetzung der Bibel.

Das Frankenreich. [Quellen: Gregorius Turonens., Fredegar u. a.]

s. 410	Die Franken im nordöstlichen Gallien, Belgien und am Niederrhein, getheilt in a) salische, b) ripuarische, c) Ober-Franken, bis Main, Rednitz, Werra nach 496.

Das Frankenreich. Merowinger.

	Aelteste bekannte Könige: Faramund (Anf. d. V. Jahrh.), Clodio, sein Sohn (bis 450) zu Dispargum, Merwig (nach 450), Childerich (Flucht zu den Dorringern) — alle unter der römischen Statthalter (Aegidius, Syagrius) Hoheit.
481—752	**Merowinger.**
481—511	Chlodwig, Childerich's Sohn, entzieht sich der römischen Hoheit.
486	Bei Soissons schlägt und fängt er Syagrius (†) und nimmt das röm. Gallien ein.
493	vermählt er sich mit Chlotilde von Burgund.
496	Bei Zülpich (Tolbiacum) schlägt er die Alamannen mit seinem Vetter Siegbert von Cöln. Nach dem Siege wird er kathol. Christ (getauft zu Rheims v. Bischof Remigius). Hierauf unterwirft sich ihm freiwillig das christliche Armorica (Bretagne).
501	Bei Dijon besiegt er die Burgunder und erhält im Frieden (506) einen Theil des Burgunderlandes. König Gundobald, vorher Arianer, wird Katholik.
507	Bei Vouglé (oder Cloué unweit Poitiers) schlägt er die arian. Westgothen und entreisst ihnen einen grossen Theil des Reichs. Theodorich's, des Ostgothen, Einmischung hindert die Auflösung des Westgothenreichs.
	Durch List und Gewalt beseitigt Chlodwig alle seine Seitenverwandten (Siegbert v. Cöln, Chararich mit seinem Sohne, Ragnachar v. Cambray mit seinen Brüdern Richar und Rignomer) und bemächtigt sich ihrer Länder.
511—558	Chlodwig's 4 Söhne, welche das Reich theilen: Theodorich († 534) erhält Austrasien (Metz), seine Brüder das übrige Land — Chlodomir († 524) Orléans, Childebert I. († 558) Neustrien im engern Sinne mit Paris, Chlotar I. († 561) Soissons.
527—530	Das Thüringer Reich von Theodorich und Chlotar I. mit Hülfe der Sachsen zerstört und getheilt. Die Thüringer werden zuerst bei Runlberg, dann
527	bei Scheidungen geschlagen; ihr König Hermanfried † in Zülpich (530).
534	Das Burgunderreich wird von Childebert I., Chlotar I., Theodebert (Sohn Theodorich's) erobert und aufgelöst. Von Vitiges werden
536	die ostgothischen Besitzungen westlich von den Alpen an die Franken abgetreten.
558—561	Chlotar I., der die Brüder überlebt, vereinigt das Reich wieder.
561—593	Chlotar's I. 4 Söhne Charibert † 567 (Paris), Guntram † 593 (Orléans), Siegbert I. † 576 (Rheims und Metz), Chilperich † 584 (Soissons) theilen das Reich.
s. 567	Nach Charibert's Tode beginnt blutiger Zwist im Königshause durch Fredegunde, Chilperich's Nebenfrau, und Brunehilde, Siegbert's Gattin und seit 576 Wittwe.
593—613	Fortdauer dieser blutigen Kämpfe besonders durch Brunehilde, die nach Fredegunde's Tode 597 gegen ihr eigenes Haus wüthet.
	Die Austrasier rufen selbst Chlotar II., Sohn der Fredegunde, aus Neustrien herbei, als Brunehilde, 80 Jahre

613—622	alt, die Regierung für ihre Urenkel führen will. Von Clotar II. wird sie sammt 2 Urenkeln grausam getödtet. Chlotar II. Die majores domus erlangen Ansehn, Arnulf in Austrasien, Warnachar in Burgund. Da Arnulf Geistlicher wird, folgt ihm Pipin von Landen.
622—635	Dagobert. Nach ihm kommt das Königthum in Verfall. Die Hausmeier leiten die Regierung. Pipin's v. Landen Tochter Begga, sein Sohn Grimoald I. Begga vermählt mit Arnulf's Sohn Ansgisil — ihr Sohn Pipin von Heristal.
657	Grimoald gefangen und getödtet, als er den Thron an sich bringen will. Nach vielen innern Kämpfen wird Pipin v. Heristal von den Neustriern herbeigerufen gegen ihre eigene Regierung und besiegt
687	bei Testri (unweit St. Quentin) den neustrischen Hausmeier.
687—714	Pipin v. Heristal alleiniger Majordom — dux et princeps Francorum — unter 4 Königen (rois fainéants). Pipin's v. H. Sohn Grimoald II. wird kurz vor des Vaters Tode in Lüttich ermordet.
714	Pipin ernennt seinen Enkel von Grimoald, Theudobald, zum Nachfolger und übergeht seinen ältern ausserehelichen, aber sehr tüchtigen Sohn Karl (Martell), den nach Pipin's Tode dessen Wittwe Plectrudis gefangen hält. Innere Kämpfe und Aufstände der unterworfenen Völker. Anarchie.
716	entkommt Karl aus der Haft, stellt sich an die Spitze der Austrasier und schlägt Plectrudis und die Neustrier bei Stablo 716 und Cambray 717 und besonders
719	bei Soissons und wird Majordom des ganzen Frankenreichs.
719—741	Karl Martell. Obgleich er mit königlicher Macht und Selbstständigkeit regiert, erkennt er doch den nach Dagobert's III. Tode ernannten Chilperich II. als König an.
732	Bei Tours und Poitiers schlägt er die aus Spanien unter Abderrhaman eingedrungenen Araber und rettet das Frankenreich wie das Abendland.
738	Bei Narbonne schlägt er die Araber abermals. Im eigenen Privatleben noch kein Christ, verkennt er auch die Stellung der Geistlichkeit und zwingt sie zum Kriegsdienst, begünstigt aber doch die angelsächsische Mission in seinem Gebiete. Vor seinem Tode theilt er das Reich unter seine Söhne.
741—747	Pipin erhält Neustrien u. Burgund, Karlmann Austrasien. Grippo, ein Sohn zweiter Ehe, macht auch Ansprüche, wird aber von den Brüdern gefangen gehalten. Sie erklären wegen des drohenden Abfalls Childerich III. zum König. Dennoch Kämpfe mit Aquitaniern, Alamannen, Bayern, Sachsen.
747	geht Karlmann in's Kloster Montecassino.
747—752	Pipin der Kurze (Kleine) alleiniger Majordom. Nachdem er
747—749	seinen Stiefbruder Grippo unterdrückt, den Bayern Thassilo zum Herzog gegeben, die Sachsen zum Tribut gezwungen, das Herzogthum in Alamannien aufgehoben, seine Franken und besonders die Geistlichkeit sich ge-

Mai 752	neigt gemacht und so wahrhaft königliche Macht gewonnen hat, nimmt er mit Bewilligung des Papstes Zacharias II. und der Nationalversammlung die königliche Würde an und schickt Childerich III. in's Kloster.
752—768	**Pipin der Kurze, König der Franken**, gekrönt von Papst Stephan II.
754—755	Aus Dankbarkeit unterstützt er den Papst und giebt ihm das den Longobarden abgenommene Gebiet von Ravenna und Rom zu Lehen.
753—759	kämpft er gegen die Araber in Septimanien und entreisst ihnen Narbonne. Ebenso kämpft er glücklich gegen den Herzog Waifar von Aquitanien und gegen Thassilo von Bayern, den er jedoch schont, während er die Sachsen zum Tribut zwingt. Im Innern richtet er den Heerbann ein, wirkt für Bildung der Geistlichkeit und Milderung der Volkssitten und waltet überhaupt als kluger Staatsmann, weiser Gesetzgeber, Beschützer der Wissenschaft. Aelteste Denkmäler deutscher Sprache (v. d. gothischen abgesehen) schon aus dieser Zeit: Latein.-deutsche Vocabularien. Glaubensbekenntnisse, Beichtformeln; Kero (in St. Gallen bis 759) Uebersetzung der Regel des h. Benedict. Das **Wessobrunner Gebet**. Bei seinem Tode theilt er das Reich unter seine Söhne. Karl erhält Austrasien, den nördlichen und östlichen Theil, Karlmann Neustrien und Burgund, den westlichen und südlichen. Aquitanien soll gemeinsam sein. Uneinigkeit zwischen den Brüdern; die Mutter sucht zu versöhnen. Von ihr bewogen heirathen sie zwei Schwestern, Töchter des Königs Desiderius. Karl aber schickt auf den Rath des Papstes seine Gattin wieder zurück.
771	stirbt Karlmann; seine Wittwe Gerberga flieht mit ihren 2 Söhnen zu Desiderius, da die Neustrier Karl zum König wählen.
768—1096	**II. Hauptperiode. Von Karl d. Gr. bis zu den Kreuzzügen.** (Bis 843 Vorgeschichte des deutschen Volks.)
768—814	Karl der Grosse, geb. 742, seit 771 König des ganzen Reichs. [Hauptquellen: Annales Einhardi, Vita Caroli M. von Einhard, De gestis Caroli M. vom Monachus Sangallensis.] Kriege.
1) 772—803	Sachsenkrieg.
772	Die Eresburg (bei Stadtberge an der Diemel) von Karl erobert, die Irminsul zerstört. Die Sachsen erobern und verlieren diese und andere Vesten (die Siegburg) mehrmals wieder, bis sie zuletzt in Karl's Händen bleiben.
775	Bei der Brunsburg (an der Weser) besiegt Karl die Sachsen.
777	hält er das Maifeld zu Paderborn, viele Sachsen schon getauft.
779	Bei Bocholt besiegt er die Sachsen.

780	Maifeld zu Lippspringe. Er theilt Sachsen in bischöfliche Sprengel. Zehnten.
782	Im Süntelwald werden zwei fränkische Heere von den sich wieder erhebenden Sachsen aufgerieben.
782	Bei Verden an der Aller blutiges Strafgericht Karl's an 4500 Sachsen. Neue Erhebung.
783	Schl. b. Detmold unentschieden. Bald darauf an der Hase werden die Sachsen geschlagen.
784–785	Karl in der Eresburg, von der aus Sachsen verwüstet wird.
785	Zu Attigny an der Aisne lassen Wittekind und Abbio sich taufen. Anfangs sehr strenge Gesetze zur Unterdrückung des Heidenthums und Sicherung der Herrschaft, später (seit 797) mildere Bestimmungen.
794	Abermalige Empörung.
798	Die Nordalbinger werden besiegt und über die Elbe vertrieben. 8 Bischofssitze: Minden, Münster, Osnabrück, Verden, Bremen, Hildesheim, Paderborn, Halberstadt.
803	Friede von Selz, b. Würzburg in Unterfranken oder b. Königshofen an der fränkischen Saale.
2) 773—774	Krieg gegen die Longobarden. Desiderius will den Papst und Karl nöthigen, Karlmann's Söhne als Könige anzuerkennen. Karl zieht gegen ihn, nimmt Pavia ein und schickt Desiderius nach Corbie (en Picardie).
	776 Aufstände des Hrotgaud von Friaul und des Adalgis (Sohn des Desiderius), sowie
	786 des Herzogs Arichis von Benevent werden unterdrückt; Benevent eingezogen.
	788 † Adalgis bei einem neuen Aufstand, den er mit griechischer Hülfe versucht.
3) 778—799 (812)	Krieg gegen die Araber.
778	Karl zieht gegen den Emir Abderrhaman von Cordova auf Bitten des vertriebenen Statthalters von Saragossa und Huesca und dringt bis Saragossa. Roland (Rutland, Graf der Seeküste am Canal) fällt im Thal Roncevalles.
793	Die Mauren unter Hischam gewinnen das Verlorne wieder.
795—799	Neuer Krieg und Seezug gegen die Mauren, in dem Alles zurück erobert wird und die Balearen dazu. (Karl's Sohn Ludwig beendet den Krieg.)
798	Spanische Mark zwischen Ebro und Pirenäen; 812 Friede.
4) 788	Krieg gegen die Bayern. Thassilo, auch ein Schwiegersohn des Desiderius, verweigert den Gehorsam. Karl überwältigt und begnadigt ihn. Weil er sich aber wieder empört und die Awaren zu Hülfe ruft, lässt ihn Karl zu Ingelheim verurtheilen und schickt ihn in's Kloster. (Lauresham.)
5) 789—803	Krieg gegen die Awaren.
789—791	Nach hartem Kampfe werden die eingefallenen Awaren vertrieben und bis an die Raab verfolgt. Karl's Sohn

	796	Pipin setzt den Krieg fort, und Erich von Friaul dringt bis an die Theiss und erobert den grossen Ring. Die Awaren verschwinden unter den Slaven. Der westliche Theil ihres Landes wird zur awarischen Mark, das südwestlich davon gelegene Grenzland zur Mark Kärnthen oder Slavinia gemacht.
6)		Krieg gegen die Slaven.
	789	Bekämpfung und Unterwerfung der Wilten oder Welataben im jetzigen Mecklenburg, welche die den Franken verbündeten Obotriten angegriffen hatten.
	808	Nach einem Aufstande der Wilten legt Karl Hohbuchi an — jetzt Büchen in Lauenburg. Die Nordmark.
	811. 812	Abermalige Empörung und Niederlage der Wilten.
	805. 806	Bekämpfung der südlichen Slaven, besonders der Sorben. Zwei Castelle an der Saale und an der Elbe (Halle und Magdeburg?). Später hier die nord- und süd-thüringische Mark. Zu Hamburg, einer Stadt der Nordalbingier, nach Adam von Bremen schon 804 eine Kirche erbaut.
7) 808—811		Krieg gegen die Normannen (Dänen).
	808	König Gottfried, mit Mühe von den Franken und ihren Bundesgenossen zurückgeworfen, errichtet das Danewirk.
	811	Friede mit Gottfried's Nachfolger Hemming. Grenzmark an dem Schleibusen und der Treene, dann die Eider Grenze. Karl's Reich von der Eider bis Tiber (oder Liris) und von Ebro bis Raab (oder Theiss). Sein friedlicher Verkehr mit dem Auslande, mit Harun al Raschid, mit Byzanz, Aufenthalt Egbert's von Wessex bei ihm.
		Verwaltung des Reichs.
25. Dec. 800		Karl in Rom zum Kaiser gekrönt durch Leo III. Erneuerung der röm. Kaiserwürde im Westen (seit 476 kein Westkaiser mehr), auch von Byzanz wird er als βασιλεύς
	810	(Kaiser) anerkannt durch Michael I. Idee des röm. Kaiserthums nach christlicher Auffassung. Dem Papste ordnet sich Karl nur in rein geistlichen Dingen unter, nicht in weltlichen, auch nicht in Betreff der äusseren Regierung der Kirche. Aber er ist sehr thätig für das kirchliche Interesse. Synoden (Bilderstreit). Kirchliche Gesetzgebung in Karl's Namen, doch Annahme des canon. Rechts (dionys. Codex). Einrichtung bischöflicher Diöcesen. Sorge für die Mission, für Bildung von Geistlichen, für Schulen. Seine Räthe und Gehülfen hierbei waren Peter v. Pisa, Alcuin 736—804, sein Unterrichtsminister, Eginhard, Minister der öffentlichen Arbeiten, Paul Warnefried (P. Diaconus), Angilbert (Karl's Schwiegersohn, Vater Nithard's). Eintheilung des Reichs in Gaue mit Gaugrafen (der Grenzlande in Marken unter Markgrafen), Ordnung der

	Rechtspflege, des Heerbanns, der Reichstage, Inspection durch Sendgrafen und Bischöfe (missi dominici). Fürsorge für die öffentliche Wohlfahrt durch Erleichterung des Verkehrs (Märkte, Brücken und Canäle, Minderung der Zölle), Hebung des Ackerbaues (Musterwirthschaften), gemeinnützige Bauten. Karl's Frauen: 1) Desiderata od. Berterad, 2) Hildegard (Alamannin), 3) Fastrada, 4) Liutgard. Nach ihnen 3 Nebenfrauen.
806	Zu Diedenhofen theilt er sein Reich unter seine Söhne: Karl, Pipin, Ludwig. Karl und Pipin sterben vor ihm.
813	Bernhard, Pipin's Sohn, zum König von Italien ernannt.
28. Jan. 814	stirbt Karl u. wird sitzend begraben im Dom zu Aachen. (1000 von Otto III., 1165 von Friedrich I. seine Gruft geöffnet, 1688 sein Grab verwüstet.)
814—840	Ludwig der Fromme, dem grossen Vater äusserlich ähnlich, aber schwach an Willen und geistiger Kraft. [Hauptquellen: De gestis Ludovici pii von Theganus. Libri IV. de dissensionibus filiorum Ludovici pii von Nithard. Regino. Prumiens.]
817	I. Theilung des Reichs unter Ludwig's des Frommen Söhne. Ludwig erhält Bayern mit der Ostmark, Pipin Aquitanien mit Carcasonne, Tolosa, Nevers, Autun, Lothar, als ältester, den Kaisertitel und alles Uebrige, sowie die Oberhoheit über das Ganze.
818	Bernhard protestirt, unterwirft sich dann, wird geblendet und stirbt. Durch viele kirchliche Stiftungen erwirbt Ludwig den Beinamen des Frommen. Kloster Neo-Corbeja a. d. Weser 815—822: erster Abt: Karl's d. Gr. Vatersbruderssohn Adelhard. Die Klöster zu Hervorden, Hirsau, Gandersheim, Quedlinburg. Bisthum Hildesheim.
822	Kirchenbusse zu Attigny aus Reue über die Behandlung Bernhard's. Er sucht seine Härte an Bernhard's Anhängern wieder gut zu machen.
823	Karl der Kahle, geboren von Ludwig's zweiter Gattin Jutta Welf (seit 819, die erste war Irmengard).
829	II. Theilung zu Gunsten Karl's d. K. Einfluss Bernhard's von Septimanien. Karl erhält Alamannien, Rhätien, Ostburgund, wodurch besonders Ludwig der Bayer (später der Deutsche) beeinträchtigt wird. Juden treiben Handel am Mittelmeere, selbst Sclavenhandel mit Christen, und haben als Finanzleute Einfluss bei Hofe. Kämpfe im Innern und besonders an den Grenzen. Basken, Bretonen, Normannen, Obotriten, Croaten nebst Bulgaren werden zur Ruhe gebracht und in ihre Grenzen gewiesen. Harald, ein dänischer Unterkönig, wird an Ludwig's Hofe getauft, von den Seinen aber bald vertrieben. Ansgarius, gebildet in Corvey, verbreitet das Christenthum im Norden, wird

Ludwig der Fromme.

	831	in Hamburg als Erzbischof eingesetzt.
	845	wird nach der Zerstörung Hamburg's durch die Dänen (Normannen) das Erzbisthum nach Bremen verlegt.
	830—840	Ludwig's des Frommen Misshelligkeiten und Kriege mit seinen Söhnen.
1)	830	Pipin und Lothar, unzufrieden mit der II. Theilung, nehmen den Vater gefangen und schicken die Mutter in's Kloster (der heiligen Radegunde zu Poitiers). Ludwig und Pipin befreien den Vater.
	Oct. 830	Der Reichstag zu Nymwegen setzt Ludwig den Fr. wieder ein. Lothar mit dem Vater versöhnt, aber auf Italien beschränkt.
	832	Ludwig d. Fr. nimmt dem Pipin Aquitanien, weil er den Reichstag zu Orléans nicht besucht, und giebt es Karl dem Kahlen.
2)	833	Lothar, Ludwig, Pipin erheben sich deshalb gegen den Vater.
29. Juni 833		Auf dem Rothfeld oder Lügenfeld bei Colmar geht das Heer des Kaisers (verführt von Papst Gregor IV., Wala, Bischof Ebbo von Rheims) zu dessen Söhnen über. Der Kaiser zu Aachen und Soissons, Karl der K. zu Prum, die Kaiserin zu Tortona gefangen.
Nov. 833		Kirchenbusse Ludwig's des Frommen. Mönch zu werden weigert er sich.
	834	Ludwig und Pipin nöthigen Lothar, den Kaiser freizugeben; Ludwig's d. Fr. Halbbrüder Drogo und Hugo für ihn thätig.
Mai 834		Ludwig d. Fr. durch eine Nationalversammlung wieder eingesetzt,
	835	zu Metz wieder gekrönt. Synode zu Diedenhofen (Anklage der gegen Ludwig den Fr. betheiligt gewesenen Bischöfe). Entstehung der Pseudoisidor. Decretalen-Sammlung (EB. Otgar v. Mainz 826—847), deren erster Gebrauch um Mitte des 9. Jahrh.
	835	Geheime und vergebliche Verhandlungen der Königin Jutta (Judith) mit Lothar über eine neue Theilung.
3)	838	Lothar verbindet sich darauf mit Ludwig gegen den Vater, lässt dann aber Ludwig im Stiche, so dass dieser der Gnade des Vaters sich unterwerfen muss.
	838	Pipin stirbt. Seine Länder unter Lothar und Karl den K. getheilt. Ludwig behält nur Bayern, auch Pipin's Söhne bei der
4)		Theilung ausgeschlossen. Empörung Pipin's des Jüngern in Aquitanien; Ludwig d. Fr. zieht gegen ihn, aber
	839	ein Einfall Ludwig's des Bayern führt ihn zurück. Ludwig d. Fr. zieht über den Rhein durch Hessen gegen Ludwig d. Bayer, der durch Böhmen nach Bayern entkommt. Auf der Rückkehr erkrankt der Kaiser zu
20. Juni 840		Frankfurt a/M. und stirbt auf einer Rheininsel bei Ingelheim, nachdem er auf Drogo's Fürbitte seinem Sohne Ludwig verziehen.

Verschiedenheit der Regierungsweise Karl's des Gr. und Ludwig's d. Fr. Ludwig d. Fr. wohl unterrichtet, aber nicht entschieden und nicht beweglich genug zur Selbstregierung. Daher Verfall der Verwaltung, der Schulen und Klöster, Rückkehr der frühern Barbarei, Plünderung der germanischen und fränkischen Küsten durch Normannen, der italischen durch afrikanische, sicilische und spanische Muhammedaner.

840—843 Streit und Kampf unter Ludwig's des Frommen Söhnen.
Lothar zieht gegen Ludwig den Deutschen, den er gerüstet findet und darum nicht anzugreifen wagt, dann gegen Karl den K., dessen Vasallen er nicht gewinnen kann, und durchstreift hierauf plündernd das Reich. Allgemeiner Widerwille gegen ihn, nur Bernhard von Septimanien und der jüngere Pipin mit seiner Partei sind für ihn. Ludwig d. D. und Karl d. K. verbinden sich gegen ihn und schlagen ihn nach vergeblichen Verhandlungen mit ihm

25. Juni 841 bei Fontenaille (Fontenai, Fontanctum, am Bach der Burgundionen, 7 Lieues von Auxerre) in sehr blutiger Schlacht, ohne den Sieg recht benutzen zu können. Lichtung der edlen Geschlechter, Verwüstung des Reichs, Hungersnoth.
Ludwig d. D. muss gegen die Sachsen ziehen, um die Stellinger zu bekämpfen, Karl gegen Pipin. Lothar behauptet die Mitte des Reichs bis Paris.

Febr. 842 zu Strassburg verbinden sich Karl d. K. u. Ludwig d. D. auf's Neue.
Doppelte Eidesformel in romanofränkischer und in deutscher Sprache. (Scheidung der Vasallen des gr. Frankenreiches nach den beiden Hauptsprachen schon auf dem Tage zu Nymwegen 830.) Ausserdem sind nur einige Denkmäler deutscher Sprache aus diesem Jahrhundert übrig. In Prosa: Uebersetzung der Evangelienharmonie des Ammonius, Uebersetzung d. Evang. Matthäus. In poet. Form: Fragment eines Gedichts über das jüngste Gericht (Weltbrand) Muspilli, ein altsächsisches Gedicht (Leben Jesu) Heliand, Otfrid's von Weissenburg gereimtes Evangelienbuch und das Siegeslied auf den Sieg des westfränkischen Ludwig III. über die Normannen bei Saucourt 881.

Nach längern Verhandlungen mit Lothar erfolgt

11. Aug. 843 die Theilung zu Verdun. Durch sie erhalten:
Ludwig d. D. ganz Deutschland (Ost-Franken) diesseits des Rheins nebst dem östl. und mittl. Theile der Schweiz und den Bisthümern Speier, Worms, Mainz jenseits des Rheins. Nur Frisland diesseits des Rh. kommt an Lothar.
Lothar Italien und das Land zwischen Rhein einer Seits und Schelde, Maas, Saône, Rhone anderer Seits nebst einem Küstenstrich jenseits der Rhone und Frisland.
Der Name Lotharingien erst unter Lothar II.
Karl d. K. alles westlich von Lothar's Gebiet gelegene Land: Neustrien, Aquitanien, Span. Mark, Septimanien und ein Stück von Burgund (das übrige Lothar).

843—1806	**Das Deutsche Reich.** Es war nicht vorherzusehen und noch weniger beabsichtigt, dass aus der Theilung zu Verdun eine definitive tausendjährige Trennung des Ostfrankenreichs von Lothringen und dem Westfrankenreich hervorgehen sollte. Alle drei Könige sehen sich an als Frankenkönige, ihre Reiche als Theile und Fortsetzungen des grossen Frankenreichs, auch für den östlichen Theil bleibt der Name des Ostfrankenreichs noch geraume Zeit, und die Bezeichnung desselben als des Deutschen Reiches kommt erst allmählich auf. Daher ist es auch zu erklären, dass in allen drei Reichen Karl d. Gr. und Ludwig der Fromme mitzählen und z. B. in allen drei ein Ludwig II. im Anschluss an Ludwig den Fr. erscheint.
843—911	**Karolinger.** (Hauptquellen: Annales Fuldens. Regino. Annales Prudentii et Hincmari.)
843—876	**Ludwig II., d. Deutsche**, nicht viel weniger herrschsüchtig, aber kräftiger und dabei offener als seine Brüder und Neffen. Er vertheidigt die Reichsgrenzen.
	Die Normannen konnten ihm am wenigsten anhaben, auch die Slaven, besond. in Böhmen und Mähren, hält er einigermassen in Schranken.
	Mit Karl dem K. (seinem Halbbruder) hat er erst Bündniss, dann Händel.
858	bringt er Karl's des K. Krone an sich, muss aber das West-Frankenreich wieder verlassen, da die Vasallen, die ihn gewählt, sich wieder gegen ihn wenden.
869	nimmt Karl der K. nach Lothar's II. Tode dessen Reich allein in Besitz, wird aber von Ludwig d. D. genöthigt,
870	im Vertrage v. Mersen mit ihm zu theilen; der östl. Theil von Lothringen mit Utrecht, Aachen, Metz, Cöln, Trier, Strassburg kommt an Deutschland.
875	reisst Karl nach Kais. Ludwig's II. (Sohn Lothar's I.) Tode dessen Verlassenschaft an sich. Auf dem Reichstage
872	zu Forchheim theilt Ludwig d. D. sein Reich.
876—880	1) **Karlmann** erhält Bayern (mit Böhmen, Mähren, dem spätern Oesterreich, Kärnthen).
876—882	2) **Ludwig III.**, der Jüngere oder der Sachse, erhält das nördliche Deutschland vom Main an: Franken, Thüringen, Sachsen, Frisland, Ostlothringen, sowie die Hoheit über die östlichen Slaven.
876—887	3) **Karl d. Dicke** erhält Schwaben und Elsass.
	Nach des Vaters Tode schlägt Ludwig III.
8. Oct. 876	bei Andernach seinen Oheim Karl den K., der ihm das väterliche Erbe entreissen will.
877—879	bemächtigt sich Karlmann eines Theils von Italien, erlangt aber die Kaiserkrone nicht; 879 vom Schlage getroffen stirbt er 880.
	Arnulf (unehel. Sohn Karlmann's) erhält Kärnthen, Ludwig III. Bayern, Karl der Dicke Italien.
882	Karl d. D. wird durch Ludwig's III. Tod Herr des ganzen Reiches (mit Ausnahme Kärnthens).
882—887 885	**Karl d. Dicke**, seit 880 Herr von Italien und **Kaiser** (Febr. 881), wird nach des westfränk. Karlmann Tode (Decbr. 884)

Nov. 887	auch Herr von (Nord-) Frankreich und vereinigt fast das ganze Reich Karl's des Grossen wieder. Karl, auf einem Reichstage (zu Tribur?) abgesetzt auf Arnulf's Betrieb,
13. Jan. 888	stirbt (wahrscheinl. ermordet) zu Neidingen a. d. Donau.
887—899	**Arnulf,** sittlich kaum höher stehend als die übrigen letzten Karolinger, war wenigstens tapfer und energisch und gelangte zu Ansehen.
888	Es huldigen ihm Odo von Paris, König von Frankreich, Rudolf, König v. Hochburgund (888 entstanden), auch Berengar v. Friaul, König v. Italien, und zuletzt
890	Ludwig, König v. Niederburgund, dem arelat. Reiche, (gegründet 879 durch Boso, Graf v. Provence).
Oct. 891	bei Löwen an der Dyle schlägt er die Normannen, welche nur 881 bei Saucourt en Picardie von Ludwig III. v. Frankreich geschlagen worden, dann aber wie früher siegreich gewesen waren, auch den Deutschen gegenüber. Swentopluk oder Swatopluk, erst sein Freund, hat zu dem Mährischen Reiche, das er von seinem Oheim Rastiz überkommen, 890 noch Böhmen von Arnulf erhalten und will sich nun der deutschen Hoheit entziehen.
892—893	bekämpft ihn Arnulf mit Hülfe der herbeigerufenen oder aus eignem Antrieb herbeigekommenen Magyaren, (eines finnischen Volkes, das damals im südlichen und östlichen Theile Ungarns eingedrungen war,) und zwingt ihn zum Tribut.
	Die Magyaren od. Ungarn bemächtigen sich bald darauf nach Swentibold's I. Tode (894) der mit Mähren verbundenen awarischen Mark (West-Ungarns), während Mähren selbst unter Swentibold's Söhnen verfällt und an Böhmen kommt, das seit Swentibold's I. Tode selbstständig ist. Die Ungarn machen seitdem häufige Einfälle in Deutschland und Italien.
894, 895—6	Arnulf zweimal in Italien. Das zweite Mal erobert er Rom und wird **Kaiser.** [Bis dahin hatten nach Karl d. Dicken die Kaiserkrone erlangt **Guido** Herzog v. Spoleto, 891—894, Gegner Berengar's v. Friaul, und Guido's Sohn **Lambert**, 892—898.] Arnulf's Macht über Italien dauert nur, so lange er anwesend ist.
895	Swentibold, sein unehelicher Sohn, wird König von Lothringen, fällt aber bald im Kampfe gegen seine aufrührerischen Unterthanen (900).
8. Dec. 899	stirbt Arnulf und hinterlässt nur einen siebenjährigen ehelichen Sohn,
900—911	**Ludwig das Kind,** der 900 zu Forchheim zum König erhoben wird unter Vormundschaft des Erzbisch. Hatto v. Mainz und Otto des Erlauchten, Herzogs von Sachsen.
	Lothringen kommt an ihn nach Swentibold's Tode. Kämpfe in Deutschland, besonders
902—906	a) zwischen Adalbert von Babenberg und Bisch. Rudolf v. Würzburg (aus dem immer mächtiger werdenden Gru-

2

fengeschlecht der Konradinger), beendigt durch Hatto's Einmischung und Verrath.
b) Krieg zwischen Böhmen und Mähren.
c) Wiederholte Einfälle der Ungarn (907 fällt Herz. Luitpold von Bayern gegen sie, 908 u. 909 neue Einfälle in Bayern und Alamannien).

24. Sept. 911 † Ludwig. Lothringen unter seinem Herzog Regingar fällt ab an Frankreich (Karl d. Einfältigen 893—923).

912—918 **Konrad I.**, Sohn Konrad's, Grafen im Hessen- und Ober-Lahngau, Neffe des von Adalbert v. Babenberg vertriebenen, 908 gegen die Ungarn gefallenen Bisch. Rudolf v. Würzburg, ein Seitenverwandter des Karolinger, ebenso durch seine Abstammung und seine persönliche Tüchtigkeit, wie durch die Nation der (german.) Franken, der er angehört, zum König empfohlen.

Doch versucht er vergebens die volle königl. Macht und ein einiges Reich zu begründen; die Macht der Herzöge bei den übrigen germanischen (ostfränk.) Nationen der Sachsen und Thüringer, Bayern, Schwaben, Lothringer tritt ihm hindernd entgegen. Nach Otto des Erlauchten von Sachsen Tode (Nov. 912) will er dessen Sohne Heinrich das Herzogthum nehmen; sein Vertrauter, Erzbisch.

913 Hatto, stellt Heinrich nach und stirbt bald. Darauf wird
915 bei Eresburg Eberhard, Konrad's Bruder, der in Sachsen einfällt, von Heinrich geschlagen.

Lothringen wieder zu unterwerfen gelingt ihm nicht, nur der Elsass bleibt bei Deutschland.

Erchanger, Herzog v. Schwaben, und sein Bruder Berthold, des Königs Schwäger (durch ihre Schwester Kunigunde, die aus erster Ehe Mutter war Arnulf's des Bösen von Bayern), ergeben sich nach langem Kampfe dem Kö-
917 nige auf Bedingung, werden aber hingerichtet.

Burkhard, Sohn eines frühern Herzogs, wird von den Grossen als Herzog von Schwaben anerkannt.

Arnulf, Herzog von Bayern, der Böse, Konrad's Stiefsohn, unter-
917 wirft sich nicht und flieht, vom König angegriffen, zu den Ungarn.

Dec. 918 stirbt Konrad, nachdem er seinem Bruder Eberhard und den Grossen des Reichs Heinrich von Sachsen zu seinem Nachfolger empfohlen.

919—1024 **Liudolfinger oder Könige und Kaiser aus dem fränkischen Stamme.**

[Hauptquellen: Annal. Fuld. Regino. Widukind res gestae Saxon. Liudprand. Vita Brunonis AE. Colon. Thietmar Merseb. u. a.]

919—936 **Heinrich I., der Grosse, der Sachse**, geb. 876, wird
April 919 zu Fritzlar von Franken und Sachsen zum König erwählt.

Es gelingt ihm, auf milde Weise auch die andern deutschen Stämme unter seiner Königsgewalt zu einen, indem er den Herzögen fürstliche Gewalt in ihren Landen lässt.

920 Burkhard von Schwaben unterwirft sich; die Besetzung der Bisthü-

	mer behält der König sich vor. Nach Burkh. Tode wird Hermann Herzog, ein Vetter Eberhard's von Franken.
921	Arnulf d. B. v. Bayern wird gezwungen, sich zu unterwerfen, bleibt Herzog, darf auch die Bisthümer besetzen.
924—926	Lothringen wird wieder mit dem Reiche verbunden. Giselbert, Regingar's Sohn, bleibt Herzog, aber Eberhard v. Franken wird Pfalzgraf.
7. Nov. 921	wird Heinrich von Karl dem Einf. förmlich als König des östl. Frankenreichs, wie Deutschland noch immer heisst, anerkannt.
924	dringen die Ungarn (nachdem sie 915 Bremen heimgesucht haben und auch 919 wieder erschienen sind) in Sachsen ein.
	Heinrich zieht nach Pfalz Werla bei Gosslar zurück, weil er kein entsprechendes Heer, besonders keine Reiterei entgegenzustellen hat. Ein vornehmer Ungar fällt in seine Hände; es giebt ihn frei gegen neunjährigen Waffenstillstand und zahlt noch jährlich Tribut.
926	werden Bayern, Schwaben, Lothringen von den Ungarn heimgesucht, da Heinrich's Vertrag sich nur auf Sachsen bezieht.
	Heinrich lässt die Burgen erweitern, feste Plätze, Städte anlegen oder erweitern (Quedlinburg a. d. Bode, Gosslar am Rammelsberge, Merseburg, Graf Erwein's Sitz, Vaters seiner ersten Gemahlin, Hatheburg). Dazu noch andere auf die Erhöhung der Wehrkraft berechnete Einrichtungen in den Marken und in Sachsen.

Heinrich's Haus und Geschlecht:

Eckbert, vermählt mit Ida, Vatersbrudertochter Karl's des Gr., Schwester von Wala und von Adelhard, erstem Abte von Neu-Corvey.

Liudolf, verm. mit Oda Billung zu Kappenberg in Westphalen. † 913 im 107. Lebensjahre.

1.	2.	3.
Brun, Gründer v. Brunsvig. † 880.	Otto d. Erlauchte, verm. mit Hedwig, Enkelin Ludwig's des Frommen.	Hadumoth, Aebtissin v. Gandersheim.

Heinrich I., vermählt
a) mit Hatheburg, Graf Erwein's Tochter v. Merseburg.   b) mit Mathilde aus Wittekind's Geschlechte zu Enger.

Thankmar.

1. Otto I., vermählt mit a) Editha von England b) Adelheid v. Burgund, Wittwe Lothar's II. v. Italien.	2. Gerberge, verm. m. a) Giselbert v. Lothringen; b) Ludwig ultramarinus, K. v. Frankr.	3 Heinrich v. Bayern, verm. mit Judith, Arnulf's d. Bösen Tochter.	4 Bruno, d. gelehrte Erzbisch. v. Cöln.	5. Hedwig, verm. m. Herzog Hugo von Frauzien.
Liudolf, verm. Liutgard, m. Ida, Toch- verm. m. Konter Hermann's rad d. Rothen v. Schwaben oder Welfen, Herz. v. Lothringen u. Franschwaben u. Bayern	Otto II., der Rothe, verm. m. Theophano, Tochter Romanus II von Byzanz. Otto, Graf im Wormsgau.	Heinrich d. Zänker, vermählt mit Gisela v. Burgund. Heinrich II., d. Heilige, verm. m. Kunigunde v. Lutzemburg		

928—933	Slavenkriege Heinrich's I. Er zieht:
928	1) gegen die Heveller. Brennaburg durch Eis, Eisen, Hunger bezwungen.
928	2) gegen die Dalemincier. Ihre Feste Jana im Meissnerlande erobert.
928	3) gegen die Böhmen. Wenzel, durch seine Grossmutter Ludmilla für das Christenthum gewonnen, behält das Land als Herzog, zahlt Tribut.
932	4) gegen die Lausitzer zu beiden Seiten der Spree und erobert ihre Feste Lebusa (zwischen Dahme u. Schlieben) vom
932	Lande der Dalemincier aus, wo er bis 932 Meissen gegründet hat.
	5) die Redarier, bis Havel und Peene schon 928 von sächs. Grafen unterworfen, erheben sich mit den übrigen slavi-
929	schen Stämmen, erobern Walsleben (zwischen Werben und Arneburg), werden aber von sächs. Grafen
929	bei Lenzen in mörderischer Schlacht geschlagen.
	Nach Ablauf des Waffenstillstandes und Kündigung des Tributs werden die Ungarn, die eine Schaar
933	bei Sondershausen, die andere
15. März 933	bei Riade (am Riethe?) vielleicht in der Nähe von Merseburg von Heinrich geschlagen.
934	zieht Heinrich gegen die Dänen, welche unter Gorm die Grenzmark an der Schlei und Nordalbingien (Holstein) erobert hatten; Gorm giebt das Entrissene (auch die Grenzmark, wo Burg Schleswig entsteht,) an das Reich zurück.
	(Erst Konrad II., 1026, tritt die Mark Schleswig an Kanud den Grossen ab und macht die Eider zur Grenze des Reichs.)
2. Juli 936	zu Memleben stirbt Heinrich I. (begraben zu Quedlinburg), nachdem sein Sohn Otto von den Grossen zum Nachfolger erklärt worden.
936—973	**Otto I. d. Grosse.** geb. 912, gekrönt zu Aachen noch als König der Ostfranken, in fränkischer Weise. Vier Erzämter: Marschall (Bayern), Kämmerer (Lothringen), Mundschenk (Schwaben), Truchsess (Franken).
936—941	machen ihm Aufstände der unterworfenen Völker und Empörungen der Herzöge — auch seiner Brüder — viel zu schaffen.
	a) Boleslav v. Böhmen tödtet seinen Bruder Wenzel, empört sich gegen das Reich und schlägt die gegen ihn geschickten Heere. Erst 946 besiegt und 950 völlig unterworfen.
	b) Die Wenden von Hermann Billung unterworfen.
937	c) Die Ungarn ziehen durch Franken nach Frankreich;
938	fallen sie in Norddeutschland ein und werden bei der Stetternburg in der Gegend von Braunschweig und im Drömling (an der Ohre) geschlagen.
936—938	d) Empörung Thankmar's (Halbbruders d. Königs) und Eberhard's v. Franken.

938	In Beleke bei Lippstadt wird Heinrich, des Königs jüngerer Bruder, von den Aufständischen gefangen.
938	In Eresburg kommt Thankmar im Kampfe um.
	e) **Eberhard von Bayern**, Arnulf's d. B. älterer Sohn, empört sich und wird besiegt. Berchtold, Arnulf's Bruder, wird Herzog, Arnulf, zweiter Sohn Arnulf's des B., Pfalzgraf.
939—940	f) **Empörung Heinrich's** (jenes jüngern Bruders von Otto I., der viele Güter u. Anhänger in Sachsen hatte), **Eberhard's v. Franken und Giselbert's v. Lothringen**.
939	Bei Birthen, gegenüber der Lippe-Mündung, erleidet Heinrich mit den Lothringern eine Niederlage durch eine kleine Abtheilung der Königlichen.
	Otto I. kämpft glücklich gegen Giselbert's Verbündeten Ludwig IV. (ultramar.) v. Frankreich, kommt aber dann durch Abfall und Verrath in Noth, bis ein innerer Zwiespalt im Hause Eberhard's ihn rettet, indem er die Gegner schwächt und seine Parthei verstärkt.
939	Bei Andernach fällt Eberhard im Kampfe gegen Konrad Kurzpold und Udo, und Giselbert ertrinkt auf der Flucht im Rhein.
	Giselbert's Wittwe Gerberge und Heinrich fliehen zu Ludwig IV., Otto I. dringt weit in Frankreich ein, wo Herzog Hugo v. Francien, Gegner Ludwig's IV., ihm huldigt. Heinrich erlangt Otto's I. Verzeihung und erhält
940	Lothringen auf kurze Zeit, vermag sich jedoch nicht zu halten.
937—965	waltet **Gero** im Herzogthum Sachsen und in den Marken mit Strenge. Unzufriedenheit in Sachsen. Heinrich betheiligt sich mit Friedrich v. Mainz an einer Verschwörung gegen das Leben des Königs. Als diese entdeckt wird, flieht Heinrich, ergiebt sich, wird bewacht, flieht wieder und erlangt
941	zu Frankfurt a/M. die Verzeihung des Bruders.
942	Friede (zu Vouziers) zwischen Ludwig IV. und Otto I.
944 (—953)	Konrad der Rothe oder der Weise wird Herzog v. Lothringen und erhält Otto's I. Tochter Liutgard zur Gattin.
945 (—955)	Heinrich erhält das Herzogthum Bayern.
940—950	**Bekämpfung der Feinde an den Grenzen, Wiederherstellung und Erweiterung der Marken**, vorzüglich durch
1) 937—965	Markherzog Gero und Hermann Billung (953 Markgraf, 960 oder 961—973 Herzog von Sachsen).
	Harald Blaatand von Dänemark, mächtig und unternehmend, hat die deutsche Grenzmark zerstört.
946—947	besiegt Otto I. die Dänen (Otte-Sund, Theil des Lymfjord), stellt die Mark Schleswig wieder her, errichtet die Bisthümer Oldenburg (der Insel Fehmern gegenüber, früher wendisch Stargard), Schleswig, Ripen, Aarhus.
2) 946—950	Böhmen (Boleslav) wird unterworfen, kommt unter Heinrich's von Bayern Aufsicht.
3) seit 950	weist Heinrich von Bayern die Einfälle der Ungarn zurück und dringt bis zur Theiss in Ungarn ein.

4) 945—950	unterstützt Otto I. Ludwig IV. ultramar. gegen Herzog Hugo v. Francien und nöthigt letztern, sich wieder zu unterwerfen.
951	Otto I. zieht nach Italien, um die Wittwe König Lothar's II. v. Italien, Adelheid von Burgund, aus der Gefangenschaft Berengar's II. (v. Ivrea, s. 590 Königs v. Italien) zu befreien. Ein grosser Theil der Lombardei unterwirft sich ihm. Adelheid entflieht nach Canossa und vermählt sich
Oct. 951	zu Pavia mit König Otto I. (s. 946 Wittwer von Editha). Otto kehrt nach Deutschland zurück, sein Schwiegersohn Konrad bekämpft Berengar weiter. Dieser unterwirft sich.
952	- Berengar muss einwilligen, Otto's I. Vasall zu werden.
953—954	Die Verschwörung seines Sohnes Liudolf (Herz. v. Schwaben), seines Schwiegersohnes Konrad (Herz. v. Lothringen), des EB. Friedrich v. Mainz u. A. bereitet Otto I. Schmerz und Verlegenheit. Nach wechselnden Kriegserfolgen unterwerfen sich
954	zu Langen-Zenn (bei Nürnberg) Konrad und EB. Friedrich.
954	Bei Illertissen in Schwaben unterwirft sich auch Liudolf und erlangt wie Konrad Verzeihung. Ihre Länder erhalten sie nicht zurück. (Konrad † 955 auf dem Lechfelde, Liudolf † 957 nach einem glücklichen Kriegszuge gegen Berengar in Italien).
10. Aug. 955	Auf dem Lechfelde bei Augsburg werden die Ungarn von Otto I. geschlagen. In dem Lande an der Enns wird die Bayr. Ostmark (Oesterreich) begründet. (1. Nov. † Herzog Heinrich.)
16. Oct. 955	An der Recknitz werden die Wenden unter Stoinef von Otto I. und Gero besiegt. In den Angelegenheiten der Kirche und der Wissenschaft steht Bruno (s. 940 Kanzler, 953—965 Erzbischof von Cöln) seinem königl. Bruder rathend und helfend zur Seite. Selbst ein grosser Gelehrter, gewandter Geschäftsmann, sittlich reiner Character, eifriger Christ und Geistlicher, übt er den umfassendsten und wohlthätigsten Einfluss auf die Kirche u. Geistlichkeit, erneuert die Hofschule, zieht Gelehrte (Rather von Verona, Liudprand von Cremona) an dieselbe oder in die Nähe des Königs, weiss wissenschaftlichen Sinn in den Klöstern und Klosterschulen (Fulda, Hersfeld, Corvey, St. Gallen, Reichenau, Gandersheim) neu zu beleben und sorgt vorzüglich in seinem Cöln für Bildung tüchtiger Geistlicher. Auch die Missionsthätigkeit, vorzüglich im Norden durch Adeldag von Hamburg, wird unter Otto I. neu belebt.
946	zu Havelberg ein Bisthum gegründet für die Redarier,
949	zu Brandenburg für die Bekehrung der Heveller und Liutizen. Auch in
967—968	Meissen, Merseburg, Zeitz werden Bisthümer errichtet, dazu

968	das Erzbisthum Magdeburg, dem diese Bisthümer untergeordnet werden.
961	Reichstag zu Worms. Otto I. erklärt seinen Entschluss, gegen den abermals empörten Berengar zu ziehen und lässt Otto II. (geb. 954) zum König wählen. Gesandte des Papstes Johann XII. klagen über Berengar und versprechen die Kaiserkrone, wenn Otto helfe. Otto sagt zu.
Herbst 961	zieht Otto über den Brenner, gewinnt fast ohne Widerstand die Lombardei, lässt sich huldigen und zieht gen Rom, wo er sammt seiner Gemahlin
2. Febr. 962	die Kaiserkrone erhält. **Heiliges röm. Reich deutscher Nation.**
962—963	Berengar mit seiner Gattin Willa bekämpft und gefangen nach Bamberg geschickt.
4. Decb. 963	Johann XII. wird auf einer Synode abgesetzt — seiner Vergehen wegen und weil er vom Kaiser abgefallen und Berengar's Sohn Adalbert aufgenommen.
964	Wiederholter Aufstand der Römer gegen den von Otto eingesetzten Papst Leo VIII., hervorgerufen durch Johann XII. († 964) und dessen Nachfolger Benedict V. (von den Römern gewählt).
965—966	Otto I. wieder in Deutschland. Familienconvent in Cöln.
966	Abermaliger Aufruhr in Rom gegen Johann XIII., Nachfolger Leo's VIII. († 965).
966—972	Otto wieder in Italien.
967	Kirchenversammlung zu Ravenna. Otto I. giebt Ravenna mit seinem Gebiete und Alles an den Papst zurück, was dieser früher von den Kaisern erhalten.
868	Liutprand's Gesandtschaft nach Constantinopel. Schon früher (953—956) Gesandtschaft des Mönchs Johann v. Görz an Abderrhaman III. von Cordova.
972	Vermählung des jungen Kaisers Otto (II.) mit Theuphano, Tochter des Kaisers Romanus II. von Byzanz, Stieftochter (erst des Kaisers Nicephorus, dann) des Kaisers Johannes Tzimisces.
972	Otto I. kehrt nach Deutschland zurück.
7. Mai 973	stirbt Otto zu Memleben (begraben zu Magdeburg neben Editha).
973—983	Otto II. (der Rothe), anfangs von seiner Mutter Adelheid geleitet, edel und muthig, aber an Kraft und Weisheit dem grossen Vater nicht gleich, seiner Gemahlin Theuphano verwandt an Bildung und Sitte. Innig befreundet war er mit Liutpold's Sohn Otto, seinem in gleichem Alter stehenden Neffen, dem er
973	das Herzogthum Schwaben und — etwas verkleinert —
976	das Herzogthum Bayern giebt — nach Entsetzung Heinrich's des Zänkers (955—976), der wiederholt sich empört und mit Böhmen und Polen verbunden hatte. Die Ostmark hatte er schon
974	von Bayern getrennt und Liutpold von Babenberg gegeben; Kärnthen erhielt Heinrich der Jüngere, Brudersohn Arnulf's des Bösen.

s. 974	Kämpfe um Lothringen, das 954—965 EB. Bruno v. Cöln mit verwaltet hatte.
976	giebt er Niederlothringen an Karl, Lothar's v. Frankreich Bruder.
978	Abermaliger Aufstand Heinrich's des Z. und Heinrich's des Jüngern von Kärnthen.
	Kärnthen wird Heinrich dem Jüngern genommen und kommt an
978—982	Otto, Grafen im Wormsfeld, den Sohn Konrad's und Liutgard's.
978	Krieg gegen Lothar von Frankreich, der in Lothringen eingefallen war; Zug bis Paris; Verlust auf dem Rückzug. (980 Friede am Chiers.)
979	Zug gegen Miccislav v. Polen, der Oda, Tochter des Markgrafen Dietrich, heirathet und die Hoheit des Reichs anerkennt.
980	Otto II. zieht nach Italien, um es ganz zu unterwerfen und mit Deutschland zu einem Reiche zu verbinden.
	In Rom herrscht Herz. Crescentius (Sohn Johann's X. und Theodora's).
	Papst Benedict VII., nach Ermordung Benedict's VI. und Vertreibung Bonifacius VII. gewählt, wird von Otto II. anerkannt. Bedrängt flüchtet er zu Otto II. nach Ravenna und sucht Hülfe.
	Unteritalien wird von Arabern und Griechen beherrscht, die sich, nachdem Pandulf von Capua,
981	Otto's II. Anhänger, gegen die Griechen gefallen ist (981), gegen Otto II. verbinden.
	Nach Pandulf's Tode entstehen Streitigkeiten über den Besitz der lombard. Fürstenthümer Benevent, Capua, Salerno, Amalfi, welche Otto II. aufhalten.
	Abulcasem, Emir des Kalifen Moëz von Ägypten, führt den Krieg gegen die Deutschen mit Nachdruck.
982	Apulien mit Bari, Tarent wird von Otto II. erobert.
982	Bei Cotrone besiegt Otto II. die Araber unter Abulcasem (†).
	Als er ohne die nöthige Vorsicht südlich weiter vordringt, wird er
13. Juli 982	bei Squillace (?) [nicht bei Basantello] völlig geschlagen und entkommt mit Noth auf einem griechischen Schiffe nach Rossano.
Juni 983	Reichstag zu Verona. Otto III. wird zum König gewählt, Schwaben (da Otto v. Schwaben 982 auf der Heimkehr gestorben) an Konrad, einen Vetter der Gattin Liudolf's, Bayern aber an den begnadigten Heinrich den Jüngern gegeben.
983	Grosser Slavenaufstand in den Marken. Die heidnischen Liutizen und Heveller nehmen und plündern die Bischofssitze Havelberg (Juni) u. Brandenburg (Juli). Der christliche Obotritenfürst Mistewoi, beleidigt durch Hermann Billung's Sohn Bernhard (Herzog v. Sachsen 973—1011), verbrennt Kloster Kalbe bei Gardelegen.

	Dietrich, Markgraf von Nord-Sachsen, Hodo v. d. Lausitz, Riddag v. Meissen besiegen die Slaven bei Tangermünde, erobern aber das von den Aufständischen Entrissene nicht völlig wieder.
7. Dec. 983	Otto II. belagert Venedig, geht der Papstwahl wegen nach Rom und stirbt dort an einer Krankheit.
983—1002	**Otto III.**, geb. 980. Streit um die Vormundschaft über den jungen König.
	Heinrich der Zänker, vom Bischof von Utrecht freigelassen, nimmt dieselbe in Anspruch, EB. Warin von Cöln übergiebt ihm den königlichen Knaben.
	Auch Lothar v. Frankreich erhebt Anspruch, richtet aber nichts aus.
	Heinrich d. Zänker sucht die Krone selbst zu gewinnen, aber die deutschen Stämme und die meisten Grossen (Willegis, EB. v. Mainz) sind gegen ihn.
29. Juni 984	Zu Rara bei Worms muss er Otto III. ausliefern, dessen Mutter Theuphano Vormünderin und Regentin wird.
985—991	Heinrich der Zänker erhält Bayern, dessen bisheriger Inhaber Heinrich d. Jüngere Kärnthen wiederbekommt, das Otto von Wormsfeld abgiebt.
987—991	Kämpfe um die Krone in Frankreich nach Ludwig's V. Tode. Der Karolinger Herz. Karl v. Lothringen macht Anspruch auf sie, Theuphano ist für ihn, aber Hugo Capet wird König, und Karl, 991 durch Verrath gefangen, stirbt bald.
991—995	Adelheid, Otto's III. Grossmutter, wird nach Theuphano († 991) Vormünderin und regiert in Gemeinschaft mit Mathilde, Otto's II. Schwester, Aebtissin v. Quedlinburg, und Willegis von Mainz.
986. 991—93	Slavenkriege, auch Kämpfe gegen die Dänen, welche die Küsten plündern und nicht durch das Reich, sondern nur, so gut es geht, durch die Küstenbewohner, die Sachsen und Friesen, abgewehrt werden.
996 21. Mai	I. Zug nach Italien. Otto III. wird von Papst Gregor V. (Bruno, Sohn Otto's v. Wormsfeld) zum Kaiser gekrönt.
997—998	II. Zug nach Italien. Crescentius, der einen Gegenpapst Johannes eingesetzt, wird belagert, gefangen, hingerichtet. Nach Gregor's V. Tode setzt Otto III. den gelehrten Gerbert (geb. 950 in der Auvergne, gebildet zu St. Aurillac und auf maurischen Schulen [Vich], dann Abt v. Bobbio, Erzbischof v. Rheims, Erzbischof v. Ravenna), als Silvester II. 999—1003 zum Papst ein.
1000	Wallfahrt des Kaisers nach Gnesen zum Grabe des heiligen Adalbert (Bischof v. Prag, als Märtyrer an der Weichselmündung † 997). Errichtung des Erzbisthums Gnesen.
	Besuch am Grabe Karl's des Grossen.
	Der Kaiser geht wieder nach Italien, er will das röm.

	Reich der alten Zeit, nur verklärt durch christliche Ideen, erneuern. Durch Radla, Freund des heil. Adalbert, und dessen Genossen Astrik werden in Ungarn unter Stephan dem Heiligen (Waik) kirchliche Ordnungen begründet, nachdem das Christenthum schon unter Geisa eingedrungen war. Geisa I, seit 973 Christ bis 1000. Stephan 1000—1038. Aufstände u. Unruhen in Italien u. Deutschland.
23. Jan. 1002	Otto III. stirbt in Burg Paterno am Soracte.
1002—1024	**Heinrich II.**, der Heilige, Sohn Heinrich's des Zänkers, Urenkel Heinrich's I. gleich Otto dem III., bemächtigt sich der Reichsinsignien und wird gewählt und gekrönt (in Mainz), nachdem sein Mitbewerber Eccard I. von Meissen von den Söhnen des Grafen Siegfried v. Nordheim zu Pöhlde ermordet worden ist. Der andere Mitbewerber, Herzog Hermann v. Schwaben, tritt zurück. Klug berathend steht ihm zur Seite seine Gemahlin Kunigunde aus dem luxemburgischen Grafengeschlechte. Er erneuert die Macht des Reichs und des Königthums. Vorgeworfen hat man ihm a) Mitschuld an der Ermordung Eccard's (?), b) einen verrätherischen Angriff auf Boleslav Chobry in Merseburg, c) Treubruch gegen Heinrich vom Nordgau, dem er Bayern versprochen. Boleslav von Polen liefert die eroberten Marken wieder aus und huldigt, wird aber bald darauf (Ueberfall in Merseburg) wieder Feind des Königs.
1003	Boleslav Herr von Böhmen nach Vertreibung des tyrannischen Boleslav des Rothen von Böhmen. Befestigung des Christenthums in Böhmen wie in Polen. Arduin, Markgraf v. Ivrea, lässt sich zu Pavia mit der Lombardenkrone krönen und schlägt
1002	bei den Euganeen ein gegen ihn gesandtes deutsches Heer unter Ernst von Babenberg und Otto von Kärnthen.
1003	Empörung Heinrich's vom Nordgau (von Schweinfurt), Ernst's v. Babenberg u. a. wird unterdrückt. Die Häupter bald darauf begnadigt. Die Liutizen wenden sich von Polen ab und Heinrich II: zu. Die Bisthümer Brandenburg und Havelberg wiederhergestellt zum Zwecke friedlicher Bekehrung. Auch Merseburg (981—1004 zu Gunsten Giselher's und Magdeburg's aufgehoben) wird nach Giselher's Tode wiederhergestellt.
1004	Böhmen wird Boleslav v. Polen entrissen und bekommt wieder seinen eigenen Herzog.
1005	nöthigt Heinrich II. die Frisen, entrissene Reichslehen herauszugeben.
1006—1007	zwingt er Balduin v. Flandern, Valenciennes und Walcheren vom Reiche zum Lehen zu nehmen.
1006	Rudolf III. v. Burgund (Bruder von Heinrich's II. Mutter Gisela) sagt dem Reiche den Anheimfall von Burgund

1001—1013		zu. 1016 Vorbelehnung Heinrich's II. mit Burgund in Strassburg. Bei dem Widerstreben seiner Grossen ändert Rudolf seinen Plan, Burgund's Anschluss unterbleibt noch. Gründung des Bisthums Bamberg (1015—1017 das Michaeliskloster auf dem Berge gestiftet). Heinrich II. sucht die Macht der Krone durch eine enge Verbindung mit der Kirche und mit den Bischöfen zu stärken. Doch regiert er auch unter dem Beirath der grossen Vasallen. Klosterreform. Aufhebung des von Otto II. gegründeten Klosters Memleben. Sammlung von Kirchengesetzen (mit Einschluss der pseudoisidorischen) durch Bischof Burkard v. Worms 1012—1023. Das Lehenswesen befestigt sich, die Erblichkeit der Lehen (Ausdruck Erblehen 1013) im Grundsatz anerkannt.
		Drei Feldzüge gegen Polen.
a)	1005	I. Krieg. Das deutsche Heer dringt bis Posen. Im Frieden von Posen verzichtet Boleslav auf Böhmen und die Marken und wird wieder Vasall.
b) 1007-1013	II. Krieg.	Die sächsischen Grossen führen (1007) den Krieg ohne Nachdruck. Boleslav dringt bis Magdeburg und nimmt Budissin.
1008—1009		wird der König nach Beendigung des flandrischen Kriegs wieder abgehalten durch die Empörung seiner Schwäger, des Herzogs (s. 1004) Heinrich v. Bayern und der Bischöfe Dietrich und Adalbero. Erst
1012—1015		unterwerfen sich seine Schwäger.
1010		wird Gunzelin v. Meissen, der es mit Boleslav gehalten, abgesetzt.
1013		Im Frieden von Merseburg behält Boleslav die Lausitz und das Milciener Land, nimmt sie aber zu Lehen.
c) 1015-1018	III. Krieg.	
1015		Unglücklicher Feldzug Heinrich's II. gegen Boleslav.
1015		Meissen wird von Miecislav, Boleslav's Sohn, belagert, aber gut vertheidigt und gehalten.
1017		Erfolglose Erneuerung des Krieges von Seite der Deutschen nach Friedensversuchen. Dennoch ist Boleslav zum Frieden geneigt und sucht ihn, weil er auch von Russland (Fürstenthum Wladimir) angegriffen wird.
1018	Friede zu Budissin.	Das Lausitzer und Milciener Land bleibt als Lehen in Boleslav's Händen.
		Drei Züge nach Italien.
a)	1004	I. Zug. Heinrich II. dringt durch die Alpenpässe an der Brenta und nimmt Pavia, wo er gekrönt wird. Aufruhr. Pavia verbrannt.
b) 1013-1014	II. Zug.	Heinrich II. will sein Ansehen in Deutschland durch Erwerbung der Kaiserkrone erhöhen und seine Macht über Italien wiederherstellen.
14. Feb. 1014		wird Heinrich II. von Benedict VIII. zum Kaiser gekrönt und kehrt bald zurück. Arduin nach neuer Empörung wieder unterworfen stirbt im Kloster.
c) 1021-1022	III. Zug.	

1010	Melus v. Bari reisst Apulien vom griech. Reiche los, da Ostrom die griech. Provinzen Unter-Italiens gegen die Angriffe der Sicil. Araber nicht schützt.
1011	Ein griechisches Heer nimmt Bari und vertreibt Melus nebst dessen Schwager Dattus.
1016	Auf Papst Benedict VIII. Rath, der Italien vor den Saracenen, Seeräubern zu schützen sucht, verbindet sich Melus mit normannischen Rittern, die von Jerusalem zurückkehrend in Salerno erschienen und denen andere folgten.
1017 1018	Am Fortore und in mehr. and. Gefechten schlägt er die Griechen. Doch wird er von einem neuen griechischen Heere geschlagen, bei dem sich auch Normannen (Waräger) befanden. Er flieht zu Kaiser Heinrich II., bittet ihn um Hülfe, stirbt aber bald (1020) zu Bamberg. Die Griechen gewinnen Apulien wieder, erobern einen Theil von Benevent und ziehen Capua und Salerno auf ihre Seite. Dattus †.
1020—1021	Benedict VIII. in Bamberg, wo er die neue Stephanskirche feierlich einweiht u. weitere Veranlassung zum III. Zuge giebt.
1021	Heinrich II. mit starkem Heere in Ober-Italien. Er zieht, durch Lombarden verstärkt, in den Süden, bricht nach langer Belagerung das feste Troja in Apulien, erobert Capua und Salerno, unterwirft Neapel und Amalfi, setzt andere Fürsten ein, gründet eine Grafschaft bei Sora für Melus' Neffen und kehrt nach kurzem Verweilen in Rom mit einem durch Krankheiten zusammengeschmolzenen Heere heim. Der Zug befestigt wenigstens das kaiserl. Ansehn in Italien. Der Kaiser denkt auf eine weit umfassende und tief eingreifende Verbesserung kirchlicher Zustände (Zusammenkunft mit König Robert v. Frankreich zu Ivois am Chiers 1023), stirbt aber unter seinen Entwürfen
13. Juli 1024	zu Grona bei Göttingen (begraben zu Bamberg). Zwei Jahre vor ihm stirbt Notker Labeo (Mönch in St. Gallen), Verfasser einiger uns erhaltener Uebersetzungen aus dem Lateinischen, wie des Boëthius de consolatione philosophiae, der Psalmen u. a.
1024—1125	**Konradinger oder Kaiser aus dem (deutsch-) fränkischen Stamme.** [Quellen: Lambert v. Hersfeld. Chronic. Hermanni Contract. Augiensis. Vita Chuonradi v. Wipo. Siehe auch: Geschichte Deutschlands unter den Fränkischen Kaisern von Stenzel.
1024—1039	**Konrad II.**, Herzog der rhein. Franken, Urenkel von Herzog Konrad und Liutgard, Enkel Otto's von Kärnthen (Wormsfeld), Sohn Heinrich's v. Worms, in directer, aber weiblicher Linie von Konrad I. stammend. (Sein Vetter und Mitbewerber, der jüngere Konrad von Ostfranken, tritt edelmüthig zurück.) Er wird gekrönt zu Mainz von Aribo, zu Cöln von Pilegrim seine Gemahlin Gisela, eine reiche und kluge Frau, vermählt gewesen 1) einem sächs. Grafen (ein Sohn Liudolf), 2) dem Herzog Ernst v. Babenberg, Herzog von Schwaben, (Söhne: Ernst von Babenberg, Hermann v. Schwaben). Eine beabsichtigte Empörung (d. jüngern Konrad, Friedrich's und Gozelo's v. Lothringen, Ernst's v. Babenberg) wird bald unterdrückt. Ernst von Babenberg, sein Stiefsohn, unterwirft sich.

1026	Die Grenzmark Schleswig wird von Konrad an Kanud den Gr. abgetreten. Verlobung des jüngern Heinrich (III.) mit Gunilde, Kanud's Tochter.
1026—1027	I. Zug nach Italien. Konrad zieht nach Italien, wo ein Abfall im Werke war.
1026	wird er zu Mailand vom EB. Aribert zum König gekrönt.
1027	erhält er zu Rom die Kaiserkrone nach Ueberwältigung der Gegner.
	Die Lombard. Fürsten von Unter-Italien unterwerfen sich. Graf Rainulf erhält die Erlaubniss, Normannen anzusiedeln und Aversa (das Gebiet empfing er vom Herzog Sergius von Neapel) zu bauen.
1026	erhebt sich Ernst v. Babenberg, der namentlich Anspruch auf das Burgund. Erbe macht (seine Mutter Gisela, Rudolf's III. Nichte), mit zahlreichem Anhang.

Rudolf III., König von Burgund, kinderlos;
dessen Schwestern:

Gisela,	Bertha,	Gerberga,
vermählt mit	vermählt mit	vermählt mit
Heinrich dem Zänker.	1. Odo Graf v. Champagne.	Hermann II. Herz. v. Schwaben.
|	Sohn: Odo v. Champ.	|
Heinrich II., d. Heilige.	2. König Robert v. Frankr.	Gisela,
		vermählt mit
		1. einem sächsischen Grafen;
		2. Ernst von Babenberg;
		Söhne: Ernst. Hermann.
		3. Konrad II.
		|
		Heinrich III.

1027—1029	Ernst gefangen auf dem Giebichenstein.
	Ernst frei, soll Bayern od. Schwaben erhalten, wird aber bald geächtet, weil er seinen Freund Werner v. Kyburg nicht aufgeben will und neue Fehde beginnt.
Aug. 1030	fällt er im Schwarzwalde (Ebene Baar) mit Werner und seinem ganzen Anhange. Schwaben kommt an Ernst's Bruder Hermann.
1030—1032	Krieg gegen Stephan den Heiligen von Ungarn, ohne Erfolg; nur
1032	Mähren wird von Bretislav, Sohn Ulrich's von Böhmen, den Polen und Ungarn abgenommen.
1030—1032	Krieg gegen Polen.
1028	war Miecislav, Sohn Boleslav's Chrobry, in die Marken eingefallen, hatte den Königstitel angenommen, den Bischof von Brandenburg gefangen.
1030—1031	Konrad II. gewinnt in Verbindung mit Miecislav's Bruder Otto Bezbriem die Lausitz wieder, Otto verdrängt Miecislav, wird aber ermordet.
1032	darf Miecislav als Herzog zurückkehren und erhält, da er sich unterwirft, auch die Lausitz.
1032	stirbt König Rudolph III. v. Burgund, Konrad empfängt die Huldigung
1033	zu Peterlingen (jetzt Payerne zwischen Freiburg u. dem Neuenburger See) für Oberburgund,

1034	zu Genf für Niederburgund. Odo v. Champagne, der seine Ansprüche auf die Abstammung von der zweiten Schwester Rudolf's III., Bertha, stützt, muss zurücktreten.
1037—1038	II. Zug nach Italien. Anlass: der Hülferuf der Valvassoren oder kleinen Lehensleute gegen EB. Aribert von Mailand, auch des Bischofs von Cremona. Aribert verhaftet, entkommt aber und vertheidigt Mailand glücklich gegen den Kaiser.
28. Mai 1037	Constitutio de feudis, das erste Lehensgesetz, durch welches Konrad II. auch die kleinen Lehen für erblich erklärt.
25. Dec. 1037	Aufruhr in Parma, die Stadt bestraft. Aribert's Verschwörung durch Bertha von Susa dem Kaiser angezeigt, die Verschworenen bestraft.
1038	Rainulf wird mit der Grafschaft Aversa belehnt. Krankheiten im Heere nöthigen zur Rückkehr und erschweren dieselbe. Auch Gunilde (Kunigild), des Kaisers Schwiegertochter †. Ebenso Hermann von Schwaben, des Kaisers Stiefsohn, †.
s. 1031	Der Gottesfriede (treuga Dei, treva Dei), ausgegangen von Odilo von Cluniacum, kommt auf in Aquitanien, dann in Burgund, anfangs als Pax Dei, dann wenigstens als Treva Dei (Waffenstillstand), Ruhe der Fehden von Mittwoch Sonnenuntergang bis Montag Sonnenaufgang.
1042	zeigt sich in Deutschland die erste Spur davon in Lothringen.
4. Juni 1039	stirbt Konrad zu Utrecht, begraben im Dom zu Speier.
1039—1056	**Heinrich III.**, geb. 1017, fromm, gerecht, energisch, arbeitet — anfangs mit entschiedenem Erfolg — an Kräftigung der Reichsgewalt. Die Herzogthümer Bayern, Franken, Schwaben, Kärnthen (bis 1047) hat er in eigner Verwaltung. Erst 1042 giebt er Bayern an Heinrich v. Luxemburg, Vetter der Kaiserin Kunigunde, 1045 Schwaben an Pfalzgraf Otto v. Lothringen. Steiermark und Krain mit Aquileja werden von Kärnthen getrennt. Kärnthen giebt Heinrich III. 1047 an Graf Welf, mit dem das ältere Welf. Haus ausstirbt. Dessen Schwestersohn Azzo v. Este Stammvater des neuen Welf. Hauses. Ober-Lothringen giebt er 1044 dem elsässischen Grafen Albert v. Longwy, von dem in männlicher Linie das regierende österreichische Kaiserhaus (in weiblicher Linie noch habsburgisch) abstammt. Im Gebiete des mächtig waltenden Herzogs Bernhard v. Sachsen erhält Ludwig der Bärtige 1039—1056 eine bedeutende Stellung und Grafschaft in Thüringen und EB. Adalbert v. Bremen wird bereichert.
1) 1039-1040	Reichsumzug, Huldigungsritt. Aribert v. Mailand huldigt in Ingelheim.
2) 1039-1041	Krieg gegen Böhmen. Bretislav v. Böhmen und Mähren fällt in Polen ein, um Schlesien und Chorbatien (Krakau) wieder zu gewinnen und von Böhmen aus ein grosses Slavenreich zu gründen. Er verwüstet Polen (Boleslav Chrobry 992—1025. Miecislav II. u. Otto 1025—1034. Verfall des Reichs 1034—1042) und bringt den Leichnam des heil. Adalbert und reiche Beute mit nach Prag.

	1040	Heinrich III. unternimmt einen unglücklichen Zug von Cham und Dohna aus gegen Böhmen.
	1041	Auf einem II. Zuge unterwirft er Böhmen, Bretislav wird wieder Vasall.
		Casimir von Polen — bis dahin flüchtig in Deutschland in Folge der innern Unruhen nach Miecislav's Tode — kehrt zurück, erobert Polen nach und nach und führt es wieder zum Christenthum zurück.
3)	1043	Vermählung Heinrich's III. mit Agnes v. Poitou u. Aquitanien, die auch grosse Besitzungen und Einfluss in Burgund hatte.
	1043	Proclamirung des Landfriedens durch den König zu Kostnitz, 1044 in Trier.
4)	1041-1044	Krieg gegen Ungarn.
	1000—1038	Stephan der Heilige. Ihm folgt sein Schwestersohn
	1038—1047	Peter der Venetianer. Er wird seiner Grausamkeit wegen vertrieben.
	1041	Aba, einer der Grossen, wird zum König gewählt. Aba überfällt die Deutschen in der Ostmark, aber auch zwei ungarische Heere werden von den Deutschen (der Mark Kärnthen und Ostmark) geschlagen.
	1042	
		Heinrich III. zieht gegen Aba, der im Besitz der Krone bleibt, sich aber unterwerfen und den westl. Bezirk von der Fischa bis Leytha und Marchmündung an Deutschland abtreten muss. Aba geht wieder mit Kriegsplänen um und wird
5. Juli 1044		bei Raab od. Menfew in einer grossen Schlacht v. Heinrich III. geschlagen. Peter wieder eingesetzt, Aba hingerichtet.
	1046	wird Peter von seinen Unterthanen wieder entsetzt u. ermordet. Ihm folgt
	1047—1061	Andreas, ein anderer Neffe Stephan's d. H. Gegen ihn drei Züge 1051. 52. 53. ehrenvoll, aber ohne Erfolg.
5)	1044-1056	Kämpfe mit Gottfried dem Bärtigen von Lothringen, der sich zuletzt unterwirft und straflos bleibt. 1054 heirathet er die Wittwe des Markgrafen Bonifacius von Tuscien, Beatrix, flieht 1055 aus Italien, worauf der Kaiser Beatrix und deren Tochter Mathildis mit nach Deutschland nimmt.
	1046—1047	I. Zug nach Italien. Verderbniss der Geistlichkeit durch Ausschweifung (Nicolaitismus) und Aemterkauf (Simonie). Grosser Sittenverfall in Rom. Benedict IX. ein lasterhafter Knabe und Jüngling. Gegen ihn gewählt
	1044	Silvester III., der bald vertrieben wird. Dann verkauft Benedict IX. die Tiara an
	1045	Gregor VI., einen enthaltsamen Mann, der der Cluniacenser Richtung huldigt und Hildebrand (einen jungen Mönch, später Gregor VII.) zu seinem Caplan macht. Bald treten Benedict IX. (weil Gregor nicht zahlen kann) und Silvester wieder hervor — 3 Päpste.
2. Dec. 1046		Synode zu Sutri in Heinrich's III. Gegenwart. Silvester III. und Gregor VI. abgesetzt. Bald (23. 24. Dec. zu Rom) auch Benedict IX. wegen Simonie entsetzt und ein Deutscher
1046—1047 25. Dec. 1046		Suidger v. Bamberg als Clemens II. gewählt, durch den Heinrich III. die Kaiserkrone erhält.

1047	Graf Drogo (Sohn Tancred's von Hauteville) wird vom Kaiser mit Melfi und Apulien belehnt, das er seit 1041 mit seinem Bruder Wilhelm Eisenarm erobert hat, ebenso Raidulf (Nachfolger Rainulf's) mit Aversa. Dessen Nachfolger Richard. Auf Clemens II. noch 4 deutsche Päpste:
1048	Damasus II., vorher Bischof von Brixen.
1048—1054	Leo IX. (Bruno, Bisch. v. Toul, Verwandter des Kaisers). Unter ihm Kirchenstreit Berengar's, Archid. von Angers, gegen und Lanfranc's, Erzb. v. Canterbury, für die Brodverwandlung im Abendmahl. Leo IX. reist viel und hält Synoden zu Rom, Pavia, Rheims, Mainz, Rom (Berengar's Lehre verdammt). Hildebrand als Diaconus der röm. Kirche Minister des Hauses und der Finanzen.
1054	stirbt Leo IX. während der Verhandlungen mit der griech. Kirche, die zur
1054	**Trennung** der abendländischen (römischen) von der griechischen Kirche führen.
1055—1057	Victor II. (Gebhard v. Eichstädt). Nach ihm — während Hildebrand immer einflussreicher wird,
1057—1059	Stephan IX. (od. X., wenn ein Stephan um 950 mitgezählt wird), Bruder Gottfried's des Bärtigen.
1058—1061	Nicolaus II. (Gerardo v. Florenz). 1059 Cardinalgesetz. 1059 Neapel unter Robert Guiscard und Sicilien unter Roger Kirchenlehen.
1061—1073	Alexander II. — durch die Cardinäle, ohne kaiserl. Bestätigung — endlich Hildebrand selbst als
1073—1085	Gregor VII. 1074 Cölibatgesetz. 1075 Investiturgesetz.
1055	II. Zug nach Italien, um die durch Gottfried d. Bärtigen ausgebrochenen Unruhen beizulegen. Gottfried flieht. Der Kaiser kehrt mit Beatrix und der 8jähr. Mathildis nach Deutschland zurück. Verschwörung gegen das Leben des Kaisers durch den reuigen alten Welf entdeckt. Der junge Heinrich (IV.), bereits zum König gekrönt, wird mit Bertha von Susa verlobt.
1056	zu Ivois Zusammenkunft Heinrich's III. mit Heinrich I. v. Frankreich, der auch die Abtretung Lothringens verlangt. Der Kaiser fordert den König. Flucht des Königs.
10. Sept. 1056	bei Pritzlava a. d. Havelmündung werden die Deutschen von den Liutizen völlig besiegt.
5. Oct. 1056	zu Bodfeld am Harz stirbt Heinrich (begrab. zu Speier).
1056—1106	**Heinrich IV.** (geb. 1050) durch Papst Victor II. (anwesend bei des Kaisers Tod) und Kaiserin Agnes zu Aachen eingesetzt. Rathgeber der Kaiserin: Erzb. Guibert v. Ravenna, Bisch. Heinrich v. Augsburg. Quellen: Adam v. Bremen. Gesch. d. Sachsenkriegs v. Bruno. Lambert v. Hersfeld. Leben Heinrich's IV. u. a. Kaiserin Agnes besetzt, um zu versöhnen, die Herzogthümer ohne Rücksicht auf frühere Feindschaft. So erhalten
1058	Graf Rudolf v. Rheinfelden, der ihre Tochter entführt, Schwaben und Burgund;
1060	Graf Berthold, Neffe des Ratbod v. Habsburg, Kärnthen, Verona und

1061—1071	Breisgau; (Stammschloss Zähringen im Breisgau nach Carinthia benannt). Graf Otto v. Nordheim das Herzogthum Bayern; Gottfried d. Bucklige, G. d. Bärtigen Sohn, Niederlothringen, später auch Tuscien, da er seine Stiefschwester Mathildis heirathet.
1062	Entführung des jungen Königs zu Kaiserswerth durch Otto v. Nordheim, Eckbert v. Meissen, Erzbisch. Hanno v. Cöln, der Heinrich IV. streng, aber auch engherzig erzieht. Hanno's Bestreben, seinem eigenmächtigen Verfahren einen legalen Anstrich zu geben. Heinrich geleitet 1062—63 v. Hanno, 1063—66 v. Adalbert v. Bremen, 1066—67 v. Hanno.
1063	Der aus Ungarn verdrängte Prinz Salomo, Andreas' († 1061) Sohn, wird nach Bela's (Bruders und Gegners von Andreas) Tode durch die Deutschen ehrenvoll wieder eingesetzt. Adalbert v. Bremen, aus d. Hause Wettin zu Goseck, schön, fein gebildet, gelehrt. gewandt, wohl auch leichtsinnig, gewinnt auf dem Zuge des jungen Königs Neigung und wird sein Mentor.
1065	Zu Worms Heinrich IV. wehrhaft gemacht, mündig erklärt.
1066	Zu Tribur von den Fürsten zur Verantwortung gezogen, muss Heinrich IV. Besserung seines wilden Lebens versprechen. Adalbert von ihm getrennt, sein Freund Werner getödtet. Bertha v. Susa wird dem jungen König vermählt, Hanno sein Berather.
1066	Aufstand der Slaven. Der christliche Obotritenfürst Godschalk erschlagen. Hamburg und Mecklenburg von den Heiden zerstört. Herzog Ordulf (Bernhard's II. Sohn, Hermann Billung's Urenkel) und Ordulfs Sohn Magnus vermögen nicht viel.
1069	Adalbert zurückgerufen. Heinrich IV. erstrebt Scheidung von seiner Gemahlin. Erzbisch. Siegfried v. Mainz will ihm bedingungsweise dabei förderlich sein. Des Legaten Peter Damiani ernste Vorstellungen dagegen. Später wirkliche Versöhnung der Gatten.
1072	Otto v. Nordheim (1070 seines Herzogth. Bayern entsetzt; Ritter Egino) und Herzog Magnus v. Sachsen erheben sich. Beide gefangen, Otto bald wieder frei.
1073	Berthold v. Zähringen verliert Kärnthen, Rudolf v. Schwaben mit Heinrich IV. entzweit.
1073	Verschwörung der Sachsen gegen Heinrich IV. Otto v. Nordheim und die meisten Sächs. Grossen und Bischöfe an der Spitze. Zweck der Verbindung: Unabhängigkeit der Grossen, nicht Befreiung des Volks von Lasten. Doch ist auch das Volk gegen Heinrich IV.
Aug. 1073	Heinrich's IV. Flucht aus der belagerten Harzburg. Verhandlungen mit den unzuverlässigen oberdeutschen Fürsten. Rudolf von Schwaben und Ritter Reginger. Nur die Städte für den König.
Febr. 1074	Vertrag zu Gerstungen. Die Burgen zerstört. Otto v. N. in Bayern wieder eingesetzt. Der Thüringer Zehnte an Mainz wieder aufgehoben. Entweihung der Gräber auf der Harzburg. Des Königs neue Rüstungen gegen die Sachsen werden mehr unterstützt.

9. Juni 1075	bei Homburg a. d. Unstrut (bei Nägelstädt unweit Langensalza) werden die Sachsen von Heinrich IV. geschlagen. Die Sachsen (auch Heinrich IV.) wenden sich klagend an Gregor VII. Der Papst seiner Seits tritt um so ernster gegen Heinrich IV. auf, da er zugleich den Cölibat (Gesetz v. 1073) und das Investiturgesetz (1075) (um die Simonie unmöglich [?] zu machen) gegen den Widerstand des Königs und eines grossen Theils der Geistlichkeit durchführen will.
1076	Vorladung des Königs nach Rom.
1076	zu Worms lässt der König den Papst absetzen. Diesem Urtheil treten die Lombard. Bischöfe bei. Gregor VII. setzt auf einem röm. Concil den gebannten König ab. Rudolf v. Schwaben, Welf v. Bayern (1070 durch d. König eingesetzt für Otto v. N.) und die meisten geistl. und weltl. Grossen fallen vom König ab.
1076	zu Tribur geben die Fürsten dem Könige 1 Jahr Frist zur Versöhnung mit dem Papste. Ueberwachung des Königs. Heinrich geht im Winter mit seiner Gemahlin, seinem kleinen Sohne und einem Diener nach Italien, um sich mit Gregor VII. auszusöhnen.
25-27. Jan. 1077	in Canossa, einem Schlosse der Markgräfin Mathildis (Wittwe s. 1076), wird der büssende König nach tiefer Demüthigung von Gregor vorgelassen auf Mathildis' Verwendung. Lossprechung vom Banne. Zorn des Königs. Er sammelt Anhänger in der Lombardei und belagert Gregor VII. in Canossa.
15. Mrz. 1077	Zu Forchheim b. Nürnberg wird Rudolf v. Schwaben von Heinrich's IV. Gegnern zum Gegenkönig gewählt. (Pfaffenkönig.) Spaltung in Deutschland in die Königlichen und die St. Peter's Getreuen. (Später übergegangen in die Waiblinger und Welfen.) Heinrich IV. zieht durch Kärnthen heran, verbindet sich mit Wratislav II. v. Böhmen und vielen Anhängern und kämpft
7. Aug. 1078	bei Mellrichstadt (zwisch. Meiningen u. Kissingen) unentschieden gegen Otto v. Nordh. und d. sächs. Pfalzgrafen Friedrich.
1079	Friedrich v. Bueren (v. Staufen) erhält das Herzogth. Schwaben. Vorsichtiges Verhalten des Papstes. Schreiben der Sachsen (Hahnengeschrei).
27. Jan. 1080	b. Flarchheim (südl. v. Mühlhausen i. Th.) siegt Rudolf durch Otto von Nordh. über Heinrich IV. Rudolf vom Papst anerkannt. Heinrich IV. wieder gebannt.
Juni 1080	Synode zu Brixen. Guibert v. Ravenna als Clemens III. von der kaiserl. Parthei zum Papst gewählt.
15. Oct. 1080	in der Gegend v. Zeitz an der weissen Elster (od. unweit Hohen-Mölsen) Heinrich IV. abermals von Otto v. N. besiegt, aber Rudolf tödtlich verwundet. Nach vergeblichem Aussöhnungsversuch mit den Gegnern geht Heinrich IV. nach Italien und überlässt Friedrich v. Schwaben die Vertretung seiner Sache in Deutschland.
1081 1082—1084	Heinrich vor Rom, das er belagert und (1083 ein Theil der Stadt durch Wiprecht von Groitsch genommen) erobert. Gregor VII. in d. Engelsburg.

1084	Clemens III. salbt und krönt Heinrich IV., der dann zurückkehrt. Robert Guiscard, der Herzog v. Apulien, entsetzt d. Papst, lässt aber Rom nach einem Aufstand plündern (1085 †) und Gregor VII. flieht nach Salerno, wo er stirbt 1085.
1081	Graf Hermann v. Salm (aus d. Hause Luxemb.) wird zu Eisleben zum Gegenkönig gewählt.
ug. 1085	b. Höchstädt a. d. Donau siegt er über die Königlichen durch Otto v. N. (1083 †). Die Anhänger Hermann's mehr in Nachtheil. Eckbert v. Meissen, Welf v. Bayern an der Spitze. Sachsen unterwirft sich nach Gregor's VII. Tode allmählich.
ug 1086	b. Bleichfeld im Würzburg. wird der Kaiser wieder geschlagen, aber Hermann unterwirft sich 1088 und fällt bald darauf in einer Fehde. Eckbert, der sich auch unterworfen, erhebt sich wieder, wird geächtet, schlägt
ec. 1088	b. Burg Gleichen i. Thüring. den Kaiser, wird aber bald darauf 1089 in einer Mühle an der Selicha (im Selkethale) ermordet. Mathildis hatte sich mit dem jungen Welf — Sohn des Bayernherzogs, Stammvaters der jüngern Welfen — wieder vermählt und vereint auf kurze Zeit Heinrich's IV. Gegner.
1090	zieht Heinrich IV. nach Italien, bedrängt erst Mathildis, wird dann wieder geschlagen und kehrt zurück, indem er sein. Sohn
1092	Konrad zurücklässt, um seine Sache zu führen.
1093	Konrad wird von den Gegnern gewonnen, erhält die lombard. Krone und Roger's v. Sicilien Tochter Mathilde zur Frau. Vom Vater geächtet und von sein. Parthei verlassen stirbt er 1101.

(Dritte Hauptperiode. Zeitalter der Kreuzzüge. 1096—1291.)

—1103	Heinrich IV. in Deutschland ziemlich anerkannt. Verhältnissmässige Ruhe und Landfriede. Auch Welf, Vater u. Sohn — nachdem letzterer sich mit seiner Gattin Mathildis entzweit — schliessen sich dem Kaiser wieder an.
1104	Heinrich, des Königs zweiter Sohn, verständig, kräftig, aber herzlos, wird von der päpstlichen Gegenparthei gewonnen. [1086—87 Victor III., 1087—99 Urban II. (Clemens III. Gegenp.), 1099—1118 Paschalis II., 1118—19 Gelasius II. (Gregor VIII. Gegenp.), 1119—1124 Calixt II.]
1105	Heinrich giebt die Wittwe — seine Schwester Agnes — und das Herzogthum Schwaben an Leopold v. Babenberg in Oesterreich und gewinnt dadurch Schwaben für sich. Das Heer des Kaisers fällt vor Regensburg zu dem Sohne ab.
ec. 1105	zu Beckelheim b. Kreuznach nimmt der Sohn nach einer heuchlerischen Unterredung in Coblenz den Vater gefangen und nöthigt ihn
1106	zu Ingelheim in einer Fürstenversammlung auf den Thron zu verzichten. Darauf wird Heinrich V. als König proclamirt. Heinrich IV. wird befreit, entkommt nach Cöln und von da nach Lüttich, dessen Bischof in Verbindung mit dem Herzog v. Niederlothringen, den Bürgern von Cöln und andern Anhängern ihn schützen. Neuer Kampf.
ıg. 1106	zu Lüttich stirbt Heinrich. Erst 1111 wird der Bann aufgehoben und sein

	Leichnam in geweihter Erde zu Speier beigesetzt. 1106 stirbt mit Herzog Magnus das Haus Billung in männlicher Linie aus.
1106—1125	**Heinrich V.** [Hauptquell. u. a. des Conrad v. Lichtenau Chronicon Uspergense. Annalista Saxo. Siehe auch: Gervais, pol. Gesch. Deutschlands unter Heinrich V. und Lothar (III.). 1841.] Die Grossen, soweit sie ihm noch widerstrebten, unterwerfen sich nach des Vaters Tode. Gegen Ungarn und Polen richtet er nichts, gegen Böhmen wenig aus. (Wladislav verspricht Tribut.)
1110—1111	I. Zug nach Italien. Mathildis schliesst einen Vertrag mit ihm und erkennt ihn als Schutzherrn an.
4. Febr. 1111	Vertrag zu Sutri. Der König gesteht der Kirche die Investitur zu; diese verzichtet auf alle zu Lehen gegebenen weltlichen Güter. Die Cardinäle widersprechen, die Römer erheben sich als der König einzieht (12. Febr. Gefangennehmung des Papstes und der Cardinäle, Kampf in Rom), und der Vertrag wird nach Kämpfen und Verhandlungen den 11. April geändert auf a) freie Wahl der Geistlichen durch die Berechtigten, b) Belehnung durch den Kaiser (die weltl. Macht), — bisher Investitur genannt. c) Weihe durch die Kirche — eigentliche Investitur.
13. Apr. 1111	Krönung Heinrich's V. durch Paschalis II., welcher den Kaiser nicht bannen zu wollen schwört.
1112	wird der Vertrag durch eine Versammlung ital. Bischöfe unter Vorsitz des Papstes wieder aufgehoben und der Kaiser von Erzbisch. Guido v. Vienne im Namen des Concils in den Bann gethan.
	Herzog Lothar v. Sachsen (v. Supplingenburg) und andere Sächs. und Thüringer Fürsten erheben sich gegen den Kaiser.
1113	bei Warnstädt werden die Aufständischen von des Kaisers Feldherrn, Graf Hoyer von Mansfeld, geschlagen.
11. Febr. 1115	am Welfsholze bei Mansfeld wird des Kaisers Heer (Hoyer †) von den Sachsen unter Wiprecht d. Jüng. v. Groitsch geschlagen. Nach der grossen Gräfin Mathildis Tod 1115, die ihr Erbe (Allod) schon 1077 dem Papste vermacht hatte, erhob sich zwischen Papst und Kaiser Streit über die Qualität vieler Güter, ob sie Reichslehen oder Allode seien. Heinrich V. überträgt den Hohenstaufischen Brüdern Friedrich v. Schwaben und Konrad v. Ostfranken die Führung seiner Sache in Deutschland.
1116—1118	II. Zug nach Italien. H. nimmt die Güter der Mathildis in Besitz.
1118	lässt der Kaiser nach Paschalis' II. Tod Gregor VIII. wählen, während die Cardinäle Gelasius II. und nach dessen Tod zu Clugny Calixt II. wählen. Fortsetzung des Investiturstreits. In Deutschland erheben sich geistl. u. weltl. Grosse gegen den Kaiser, der auch von den deutschen Bischöfen gebannt wird. Der Ausbruch des Kampfes nahe.
1121	zu Würzburg versöhnt sich der Kaiser mit den Fürsten, darauf auf Grund der Verhandlungen des Legaten mit einer deutschen Kirchenversammlung in Mainz
23. Sep. 1122	zu Worms Abschluss des Investitur-Concordats durch den Legaten und den Kaiser, der vom Banne losgesprochen wird. Wesentlicher Inhalt:

	a) Freie Wahl der Bischöfe in Anwesenheit kaiserl. Commissaire. b) Kaiserliches Entscheidungsrecht in streitigen Fällen. c) Kaiserliche Belehnung mit dem Scepter, dagegen eigentliche Investitur mit dem kirchl. Amt durch die Kirche mit Ring und Stab.
1123	stirbt Heinrich II. v. Meissen, geb. 1103, Sohn Heinr. I. v. Eilenburg, † 1103. Der Kaiser giebt dessen Land dem jüng. Wiprecht v. Groitsch († 1124), aber Lothar u. die Sächs. Grossen nöthigen ihn, Meissen an Konrad v. Wettin (d. Grossen) zu geben.
23. Mai 1125	zu Utrecht stirbt Heinrich V. am Krebs.
1125—1137	**Lothar v. Sachsen.** [Hauptquellen: u. a. Annal. Saxo. Otto Frising. — Geschichte d. deutsch. Reichs unt. Lothar d. Sachsen v. Jaffé. 1843.] Lothar v. Supplingenburg, Herzog v. Sachsen bei Mainz gewählt auf Erzbisch. Adalbert's Betrieb, während Friedrich v. Hohenstaufen, Heinrich's V. Neffe, die meiste Aussicht auf d. Thron zu haben glaubt. Seine Gattin Richenza, Enkelin Otto's v. N. Lothar gesteht der Geistlichkeit zu, dass die geistl. Investitur vor der weltl. Belehnung stattfinden darf. Sobieslav v. Böhmen, Herzog nach seinem Bruder Wladislav, vor den König gefordert, um sein Successionsrecht darzuthun, erscheint nicht, wird angegriffen und schlägt
18. Feb. 1126	bei Chumecz (Culm) den König Lothar, welcher Otto's v. Mähren Ansprüche auf Böhmen unterstützt. Otto fällt in der Schlacht, Sobieslav versöhnt sich mit dem Könige und wird belehnt. Friedrich v. Hohenstaufen, eifersüchtig auf Lothar, entzweit sich noch mehr mit ihm wegen der Güter Heinrich's V., die Friedrich zu ein. grossen Theile als Allode in Anspruch nimmt. So bildet sich eine Hohenstaufische und eine königl. Partei.
1126	Heinrich der Stolze, Sohn Heinrich's des Schwarzen, Herzogs v. Bayern, erhält Bayern nach des Vaters Tode, dazu wird er
1127	des Königs Schwiegersohn. Auch das Herzogthum Sachsen u. die Supplingenburgischen (v. Lothar), braunschweigischen (v. seiner Mutter Wulfhild) und nordheimischen Güter (v. sein. Schwiegermutter Richenza) mussten an ihn fallen.
1128	Konrad v. Hohenstaufen wird als Gegenkönig aufgestellt und gewinnt in Italien die Lombardische Krone. Gegen ihn sind die grossen Städte, Papst Honorius II., die Tuscische Partei. Er kehrt zurück. Die Staufen halten ihre Partei mit Noth aufrecht.
1130	stirbt Papst Honorius II. Ihm folgt Innocentius II. Die Gegenpartei wählt Anaclet II., der von Roger II., s. 1127 Herz. v. Apulien, s. 1130 König v. Sicilien, unterstützt wird und dafür die Königswürde seinem Schützer bestätigt. Innocentius II. flieht nach Frankreich und gewinnt in Lüttich König Lothar.
1132—1133	I. Zug nach Italien. Lothar erhält von Innocenz die Kaiserkrone, empfängt das Erbe der Mathildis als päpstliches Lehen und kehrt zurück.
1134	Magnus und dann Erik, dänische Prinzen, nehmen in Folge eines Thronstreits Dänemark vom Reiche zu Lehen.
1134	Albrecht der Bär erhält die Nordmark und tritt die Niederlausitz an Heinrich v. Groitsch ab.

Lothar v. Sachsen. Unterwerfung der Staufen. II. Zug nach Italien.

1135	Boleslav v. Polen erkennt sich als Vasallen an.
März 1135	Friedrich v. Hohenstaufen unterwirft sich, verzichtet auf Heinrich's V. Reichsgüter, wird von Acht und Bann befreit und behält Schwaben.
Sept. 1135	Konrad v. Hohenstaufen unterwirft sich, entsagt dem Königstitel, behält Franken.
1136—1137	II. Zug nach Italien. Lothar setzt Innocenz II. in Rom ein und stirbt
1137	auf der Rückkehr zu Breitenwang bei Füssen in Bayern. (Begraben in Königslutter in Braunschweig.)

Haus der Billunger in männlicher und weiblicher Linie.

Männliche Linie.
Hermann Billung
953 Markgraf,
960-973 Herzog v.
Sachsen

973-1011 Bernhard I

1011-1059 Bernhard II.

1059-1071 Ordulf

1071-1106 Magnus.
Herzöge von Sachsen.

Weibliche Linie.
Magnus, †1106.

Wulfhild, vermählt mit Heinrich dem Schwarzen, Herzog von Bayern, † 1126.

Eilike, vermählt mit Otto v. Ballenstaedt.

Heinrich der Stolze, Herz. v. B. 1126-1138, † 1139, verm. m Gertrud, Tochter Kaiser Lothar's.

Welf VI, † 1191.

Albrecht der Bär v. Aschersleben (Ascanien) und Anhalt, † 1270. 1134-1170 Markgraf d. Nordmark, 1138-1158 Herzog v. Sachsen.

Heinrich der Löwe, 1153-1180 Herz. v. Sachsen, 1156-1180 Herz. v. Bayern, † 1195, verm. mit Mathilde, Tocht. Heinrich's II. v. England.

Otto, Markgr. v. Brandenburg, † 1184. 1319 stirbt das Haus aus.

Hermann v. Orlamünde, † 1276.

Bernhard v. Anhalt, 1180-1212 Herz. v. Sachsen.

Heinrich der Fette, † 1267, Stammvater des Hauses Anhalt.

Albrecht, Herz. v. Sachsen. | † 1260.

Otto (IV), Fürst von Braunschweig, 1197-1215 Kaiser. † 1218

Wilhelm. | Otto das Kind, 1235 Herzog von Braunschweig, Stammvater des Hauses Braunschweig.

Heinrich der Schlanke, vermählt mit Agnes, Tochter des Pfalzgrafen Konrad, Nichte Kaiser Friedrich's I. † 1227.

Albrecht II, † 1297, Herzog v. Sachsen-Wittenberg. 1422 stirbt die Linie aus.

Johann, Herzog v. Sachsen-Lauenburg. † 1285. 1689 stirbt die Linie aus.

Wenn nach dem Verfall der Bildung und der wissenschaftlichen Anstalten, der seit Ludwig's d. Frommen Regierung im neunten Jahrhundert und bis in das erste Viertel des zehnten zu bemerken ist, zur Zeit der Sächsischen Kaiser in vielen Klöstern und Klosterschulen, in einem grossen Theil der höhern Geistlichkeit Deutschlands und am Kaiserhofe selbst (nur zu einem sehr geringen Theil in Folge des Verkehrs mit Byzanz und Cordova) ein edlerer Sinn und neues wissenschaftliches Leben wieder herrschte, so hat sich dies im eilften und bis gegen die Mitte des zwölften Jahrhunderts abermals geändert. In den meisten Klöstern ruht zur Zeit der fränkischen und der beiden folgenden Kaiser die wissenschaftliche Thätigkeit, wird selbst die latein. Sprache vernachlässigt. Doch verdanken wir es gerade diesem letztern Umstand, dass einzelne Mönche und Geistliche deutsche Schriften verfassen und namentlich der deutschen Dichtkunst sich zuwenden. Von dem Wenigen aber ist nur Weniges uns erhalten. Das Wichtigste: **In Prosa:** Aelteste Urkunde aus dieser Zeit die Augsburger Schenkungsurkunde (1070). **Poet. Werke:** Fragment eines Gedichts von der Welt: Merigarto (1070). — Williram's Paraphrase des Hohenliedes. Leben Jesu v. Frau Ava. Einzelne Gedichte von Hartmann u. Heinrich (Söhnen der Frau Ava).

	Für Mission thätig war zur Zeit Kaiser Lothar's Wicelin aus Paderborn in Wagrien in Holstein unter den Wenden. Norbert v. Xanten (Gründer v. Prémontré bei Laon 1120) gab von Laon aus und als Erzbischof v. Magdeburg wenigstens innere Anregung, wenngleich es nicht ihm und den Prämonstratensern, sondern den Cisterziensern gegeben war, das Christenthum in den Marken zu befestigen.
1124	in Pommern, damals unter poln. Hoheit, wird auf Anlass des Königs von Polen unter Begünstigung des christlichen Pommernherzogs ein Theil des Volkes durch
1128	Bischof Otto v. Bamberg bekehrt. Nach vorübergehendem Abfall wird das ganze Volk durch Otto selbst bekehrt. Ebenso der noch heidnische Theil der Heveller.
	Politischer Character der Zeit. Das kaiserliche Ansehn, unter Heinrich V. gesunken, hat sich unter Lothar wieder gehoben. Doch wird die Stellung des Kaisers immer schwieriger. Die Städte, die allerdings zu ihm halten, beginnen in Italien, Burgund und Deutschland sich zu fühlen und sich selbst zu schützen. Die Rauf- und Raublust des Adels und das Fehdewesen nimmt zu. Die Lehen, die grössten wie die kleinsten, sind erblich geworden. Der Einfluss des Kaisers auf die hohe Geistlichkeit hat sich in Folge des Investiturvertrags vermindert.
1096—1291	**Die Kreuzzüge.** [Quellen besonders in: Gesta Dei per Francos., ed. Bongars. Hannov. 1611. 2 f. Geschichte der Kreuzzüge v. Friedr. Wilken, VII Bde. Gesch. d. ersten Kreuzz. v. Sybel. Michaud, histoire des croisades. Par. VII Tomes.] Ursachen: Der Zustand Vorder-Asiens und Syriens und die Lage der Christen in Palästina.
1040	Die Seldschuckischen Türken finden im Reiche der abbasidischen Chalifen Aufnahme.
1058—1063	Togrulbeg, ihr Sultan, wird Emir al Omra.
1063—1072	Alp Arslan, sein Neffe, macht Eroberungen, kämpft glücklich gegen Romanus Diogenes v. Byzanz, wird ermordet durch einen Gefangenen.
1072—1092	Malekschah, sein Sohn, gen. Dschelaleddin, trefflich als Mensch u. Regent, stiftet Lehensherrschaften, wodurch er mittelbar die Kreuzzüge herbeiführt.
	1. Seldschuckenstaat von Nicäa und Iconium, gestiftet durch Soliman, den Malekschah mit den griech. Provinzen Klein-Asiens belehnt, erst zu Nicäa, nach dessen Fall
s. 1097	zu Iconium (Reich v. Rum.)
	2. Seldschuckenstaat von Syrien, das Malekschah seinem Bruder Tutusch gibt. Tutusch aber verleiht
	3. Jerusalem dem Turkmanen Ortok, welcher willkührlich daselbst schaltet und die Pilger misshandelt.
1095	Zwar wird Tutusch, der sich nach Malekschah's Tode (1092) unabhängig macht, von seinem Neffen Barkiarok geschlagen und getödtet, aber
	Jerusalem bleibt Ortok's Söhnen, Mossul kommt an Kerboga nebst andern Städten,

	Damascus und Aleppo kommen an zwei Brüder, die mit einander im Streite sind.
1090—1125	Aufkommen der fatimidischen Assassinen (Haschischa-Trank), die durch Hassan ben Sabah in Ägypten gegründet, dann von demselben zu einer geschlossenen Secte gestaltet und nach Alamut in Dilem verpflanzt werden. Von den Seldschucken vergeblich bekämpft dauern sie fort bis in's XIII. Jahrh. Sie verbreiten sich nach Syrien, wo sie zu Apamea, dann im Libanon (Massiaf) unter einem zweiten Alten vom Berge stehen.
	Näherer Anlass zu den Kreuzzügen: Peter v. Amiens gewinnt Urban II. für das Unternehmen und entflammt das Volk.
März 1095	zu Piacenza und bald darauf
Nov. 1095	zu Clermont en Auvergne auf Kirchenversammlungen wird das Unternehmen empfohlen und beschlossen. Bischof Ademar v. Puy.
1096—1099	I. Kreuzzug. Die ersten Züge unter Walter Pexejo und dessen Neffen Walter Senzaveir gelangen nur in Trümmern nach Constantinopel. Peter's v. Amiens Schaar wird grössten Theils in Bulgarien aufgerieben. Nur etwa 2000 Mann kommen nach Constantinop. Andere Schaaren kommen nicht einmal bis Griechenland. Das ritterliche Hauptheer unter
Aug. 1096	Gottfried v. Bouillon, Herzog v. Niederlothring., Sohn des Grafen Eustache v. Flandern und einer Schwester Gottfried's d. Buckligen, Grf. Robert v. Flandern, Robert v. d. Normandie, Hugo v. Vermandois, Stephan v. Blois, Raimund v. Toulouse, Boëmund v. Tarent und dessen Neffen, dem tapfern Tancred, Markgrafen v. Brundusium, zieht über Constantinopel nach Zwist mit Kaiser Alexius, der den Lehenseid für die zu erobernden Länder im voraus fordert und endlich empfängt, nach Klein-Asien. Es belagert bis
Juni 1097	Nicäa, das sich den Griechen ergibt. b. Doryläum (am Thimbres, Nebenfl. des Sangarius) werden die Kreuzfahrer von Gottfried u. Raimund gerettet im Kampfe gegen Kilidsche Arslan v. Iconium. Sie ziehen unter Kämpfen und Beschwerden nach Cilicien. Balduin v. Flandern wendet sich nach dem Euphrat und gründet das Fürstenthum Edessa.
Oct. 1097-98 3. Juni 1098	Antiochia belagert und erobert. Hier werden die Kreuzfahrer von Kerboga v. Mossul wieder belagert, werfen ihn aber nach Auffindung der heil. Lanze zurück. Antiochia Fürstenthum unter Boëmund.
s. Aug. 1096	Chalif Mostali v. Ägypten und dessen Vezier Ahmed Afdal, die Jerusalem in ihren Besitz gebracht haben, bieten Friede und Freundschaft an. Die Verhandlung zerschlägt sich, weil die Kreuzfahrer den Besitz des ganzen Landes fordern.
15. Juli 1099	Jerusalem erobert.
1099—1100	Gottfried v. B. Beschützer des heil. Grabes. (König v. Jerusalem.)
Aug. 1099	b. Ascalon Sieg Gottfried's über die zum Entsatz nahende ägypt. Armee.

Könige v. Jerusalem.

1099—1100. Gottfried v. B.	1184—86. Balduin V., s. Schwestersohn.	1205—1229. Joh. v. Brienne, Gem. v. Maria Jolantha, der Tochter Isabella's aus zweiter Ehe mit Konrad v. Montferrat.
1100—1118. Balduin I. v. Fland., s. Bruder.	1186—87. Guido v. Lusign., zweiter Gemahl v. Balduin's V. Mutt Sibylla. (1187. Sieg Saladin's b. Hittin.)	
1118—1131. Balduin II., s. Schwestersohn.		1229—1250. Kaiser Frierich II., Gem. v. Johann's Tocht. Isabella.
1131—1143. Fulko v. Anjou, s. Schwiegersohn.	1192—97. Heinrich v. Champagne, dritt. Gem. v. Isabella, Sibylla's Schwester, verwandt mit Phil. August II. und Richard Löwenherz.	1250. Heinrich I. v. Cypern, als Sohn d. Alisa, Tochter Isabella's a. dritter Ehe mit Heinrich v. Ch. Maria v. Antiochien, eine Schwestertoch. Alisa's, tritt ihre Ansprüche an Karl v. Anjou (Neapel) ab.
1143—1162. Balduin III., s. S., 1153 Ascalon erob.		
1162—1174. Amalrich, s. Br. (s. 1171 Saladin Herrscher v. Ägypten.)		
1174—1184. Balduin IV., s. Sohn.	1197—1204. Amalrich II. v. Cypern, vierter Gem. Isabella's.	
1177 Saladin b. Ramla besiegt.		

Bald nach Gottfried kommt das Reich in Verfall a) durch die Rückkehr vieler Kreuzfahrer, b) durch die Entartung der Pullanen (gemischte christl. Ausiedler und ihrer Nachkommen), c) durch die lockere Lehensverfassung der Grafschaften und Fürstenthümer, d) durch die Assassinen, e) durch Emadeddin Zenki (Oberfeldherrn des seldsch. Sultans Mahmud), der
1144 Edessa erobert, das zwar 1146 von den Christen wieder erobert, aber von
1146 Nurreddin, Zenki's Sohn, zerstört wird.

Dagegen wird das Reich unterstützt und noch gehalten durch die geistlichen Ritterorden, welche zu den drei Gelübden der Armuth, Ehelosigkeit, des Gehorsams noch die Verpflichtung zur Krankenpflege und zum Kampfe gegen die Ungläubigen übernehmen.

1. Die Johanniter od. Hospitaliter, hervorgegangen aus dem Benedict. Hospital des heil. Johannes, gestiftet
1118 durch Gerhard und Raymund Dupuy. (Schwarzer Mantel mit weissem Kreuze, auf der Fahne ein rothes Kreuz.)

2. Die Templer, gestiftet s. 1119 durch Hugo v. Payens, bestätigt von
1128 Eugen III., s. 1291 in Cypern und im Abendlande. (Weisser Mantel mit rothem Kreuze.)

3. Die Marianer oder Deutschritter, gestiftet von Bürgern v. Bremen u.
1190 Lübeck während der Belagerung v. Ptolemais oder Accon, nur verpflichtet zu Ehelosigkeit, Krankenpflege, Kampf gegen die Ungläubigen. (Weisser Mantel mit schwarzem Kreuze.) Waldbott v. Bassenheim erster Grossmeister.

1147—1149 II. Kreuzzug. Anlass: Der Fall v. Edessa.
Bernhard v. Clairvaux gewinnt Ludwig VII. zu Vezelay und Kaiser Konrad III. zu Speier.

Konrad, in Phrygien b. Iconium besiegt, vereinigt sich mit den Franzosen, geht aber dann von Ephesus nach Constantinopel zurück. Bischof Otto v. Freising, der den Krieg beschrieben, des Kaisers Bruder, dringt mit einem Theil des Heeres bis Antiochia vor.

Die Franzosen gehen mit dem Reste des andern deutschen Heeres bis Attalia, wo das Heer durch Pest, Hunger, Abfall sich auflöst. Ludwig mit den Grossen geht nach Antiochia

1148	— dort Zwiespalt — dann nach Accon. Dahin kommt Konrad von Constantinopel aus auch zu Schiffe mit Deutschen. Gemeinschaftliche Züge gegen Damascus und Ascalon sind erfolglos; die Fürsten kehren heim.
1189—1192	III. Kreuzzug. Anlass: Der Sieg Saladin's bei Hittin 1187 und die Eroberung Jerusalems durch Saladin.
1189	A. Friedrich I. Barbarossa zwingt Kaiser Isaak Angelus, den abgeschlossenen Durchzugsvertrag zu halten und besiegt
1190	b. Philomelium den Sultan Kilidsche Arslan II., worauf er Iconium einnimmt.
11. Juni 1190	b. Seleucia ertrinkt er beim Uebersetzen im Kalykadnus. Sein Sohn Friedrich v. Schwaben führt das Heer vor Ptolemais und stirbt während der Belagerung (20. Januar 1191).
	B. Richard Löwenherz v. England (nach dem Tode s. Vaters Heinrich II., der sich zum Kreuzzug verpflichtet —) und Philipp II. Augustus v. Frankreich ziehen zur See. In Messina gerathen sie wieder in Streit. Philipp August zieht vor Accon und betreibt dessen Belagerung. Richard erobert erst Cypern.
12. Juli 1191	Accon (Ptolemais) von beiden erobert. Herzog Leopold v. Oesterreich bei der Eroberung beleidigt (?). Philipp August zieht heim.
1192—1193	Auch Richard kehrt nach tapfern Thaten und nachdem er die Angelegenheiten des Königreiches geordnet, heim und wird auf der Heimreise (von Dalmatien aus zu Lande) von Leopold v. Oesterreich zu Erdberg bei Wien gefangen, an Kaiser Heinrich VI. ausgeliefert und von diesem gegen ein sehr hohes Lösegeld freigelassen. (Dürrenstein a. d. Donau. Trifels. Worms. Mainz.)
1196	IV. Kreuzzug. EB. Konrad v. Mainz, Heinrich d. Schlanke od. Lange (Sohn Heinrich's des Löwen) u. a. erobern Sidon und Berytus und belagern das feste Thoron. Bei der Nachricht von dem Tode Kaiser Heinrich's VI. kehren sie heim.
1202—1204	V. Kreuzzug. (IV.) Innocentius III. fordert dazu auf. Deutsche, französische, italienische Ritter unter Graf Thibaut v. Champagne, Markgraf Bonifacius v. Montferrat u. a. wollen auf dem Seewege auf Venet. Schiffen ziehn. Weil sie die Ueberfahrt nicht ganz bezahlen können, erobern sie für Venedig
1202	Zara und wenden sich dann auf Bitten des Prinzen Alexius (IV.) nach Constantinopel, um Isaac Angelus, den sein Bruder Alexius III. gestürzt und geblendet hatte, wieder auf den Thron zu setzen.
1203	der Hafen v. Constantinopel erobert, Alexius III. flieht, Isaac und s. Sohn Alexius IV. werden als Kaiser eingesetzt. Die Kreuzfahrer verlassen die Stadt. Bald aber entstehen Streitigkeiten zwischen Griechen und Abendländern, Alexius IV.
1204	von den Griechen ermordet, Isaac stirbt. Alexius V. bemächtigt sich des Throns.
12. Apr. 1204	Constantinopel von den Kreuzfahrern erstürmt.
1204—1261	Das latein. Kaiserthum zu Byzanz wird von den Kreuzfahrern und Venetianern errichtet. Vertheilung des Landes. Es bleiben drei unabhängige griech. Herrschaften: Kaiserthum Nicäa (gegr. v. Theodor Lascaris, Schwiegersohn Alexius' III.); Kaiserthum Trapezunt (von Alexius Comnenus aus Pontus und

	Paphlagonien gebildet); ein Fürstenthum in Epirus und Ätolien (unter Michael Comnenus). Latein. Kaiser: 1204—1205 Balduin I., geschlagen, gefangen und getödtet (1206) von den Bulgaren. 1206—1216 Heinrich, s. Bruder, trefflich als Mensch und Herrscher. 1216—1221 Peter v. Courtenay kommt in Gefangenschaft Theodor's v. Epirus. †. 1221—1228 Robert, s. Bruder. 1228—1237 Johann v. Brienne, s. 1205 K. v. Jerusalem. 1237—1261 Balduin II. Durch Michael Palaeologos v. Nicäa wird Balduin vertrieben und das griech. Reich wieder hergestellt.
1212	Kinder-Kreuzzüge von Frankreich aus und aus der Rheingegend. Die Kinder kommen theils in Italien um, theils werden sie in Afrika als Sclaven verkauft.
1217—1221	VI. Kreuzzug (V.). Andreas II. v. Ungarn, Leopold VII. v. Oesterreich, Otto v. Meran brechen erst in Syrien, dann in Ägypten ein, richten aber nichts aus, obgleich sie Damiette v. 1219—1221 haben. Unter den Kreuzfahrern viele Norddeutsche.
1228—1229	VII. Kreuzzug (VI.). In Ägypten seit 1193 Saladin's Bruder Adel, seit 1218 Kamel, Adel's Sohn.
1215	Kaiser Friedrich II. gelobt einen Kreuzzug, schiebt aber denselben wiederholt auf.
1225	vermählt er sich mit Isabella, Tochter des Königs v. Jerusalem, Johann v. Brienne.
1227	kehrt Friedrich nach der Abfahrt wieder um und wird von Gregor IX. gebannt. Kamel von Ägypten ruft Friedrich gegen seinen Bruder zu Hülfe.
1228 1229	segelt Friedrich II. ab. Er gewinnt im Banne durch Vertrag Jerusalem, Bethlehem, Nazareth, Rama, dazu Sidon, Cäsarea, Joppe als feste Plätze und wird König von Jerusalem. Zerfallen mit der vom Papste aufgeregten Geistlichkeit kehrt er bald heim.
1239	geht Jerusalem wieder verloren, wird zwar den Christen 1240 zurückgegeben, 1244 aber von Chowaresmiern im Dienste des Saleh-Ejub von Ägypten wieder erobert und das Land geplündert.
1248—1254	VIII. Kreuzzug (VII.), unternommen von Ludwig IX., dem Heiligen, von Frankreich.
1249	erobert er Damiette, wird 1250 gefangen und gewinnt Freiheit und Frieden gegen Räumung von Damiette. Er bringt den Christen in Palästina Unterstützung und kehrt im Ganzen ohne Erfolg heim 1254.
1270	IX. Kreuzzug (VIII.). Ludwig IX. bricht von Aiguesmortes nach Tunis auf u. stirbt bei d. Belagerung der Stadt an einer Seuche 1270.
1291	Accon oder Ptolemais fällt durch Aschraf (Mameluckensultan). Nur Cypern bleibt noch in den Händen der Christen. (Templer.).
1138—1254	**Hohenstaufen, oder Kaiser aus dem schwäbischen Stamme.** [Hauptquellen: Chronic. Ursperg. Otto Frisingens. und die [Fortsetzung v. Otto de S. Blasio. Chronicon Slavorum v. Helmold, fortgesetzt v. Arnold v. Lübeck. Chronicon des Albert v. Stade. Petri de Vineis epistol. Nic. de Jamsilla, de gestis Frider. II. ejusque

	filiis u. a. Jaffé, Gesch. d. deutschen Reichs unter Konrad III. 1845. Friedr. v. Raumer, Gesch. der Hohenstaufen. 3. Aufl. 1857. 8.
1138—1152	**Konrad III.**, der frühere Gegenkönig, Herzog von Franken; seine Wahl eine Parteiwahl. Den meisten Anspruch auf die Krone glaubt Heinrich d. Stolze, Schwiegersohn Lothar's, zu haben, der jedoch weder den Fürsten noch dem Papste angenehm ist. Konrad fordert von Heinrich Unterwerfung, thut ihn, da er sich zu gehorchen weigert, in die Acht und nimmt ihm nun
1138	das Herzogthum Sachsen, das er an Albrecht den Bären giebt, und Bayern, welches Leopold V. v. Oesterreich erhält. Heinrich, von seinen bayr. Vasallen verlassen, geht nach Sachsen und vertreibt Albrecht den Bären, stirbt aber 1139. Für seinen Sohn,
	Heinrich den Löwen, geb. 1129, unter Vormundschaft seiner Mutter Gertrud und seiner Grossmutter Richenza, kämpfen die Sachsen mit gutem Erfolge weiter.
	In Bayern sucht Welf VI., Heinrich's d. St. Bruder, sich zu behaupten, wird aber
21. Dec. 1140	bei Weinsberg besiegt, dessen Burg sich bald darauf ergeben muss. Weibertreue. Angeblich hier zuerst der Ruf: „Hie Welf!" — „Hie Waiblingen!"
1141	Leopold von Oesterreich und Bayern stirbt, und sein Bruder Heinrich Jasomirgott erhält erst Oesterreich mit Vorrechten, bald darauf aber auch
1142	Bayern, als er Heinrich's des St. Wittwe Gertrud heirathet.
1142	Sachsen erhält Heinrich der Löwe zurück und verzichtet auf Bayern.
1142	Die Nordmark, seit 1144 Mark Brandenburg, etwas erweitert, bleibt Albrecht dem Bären (seit 1134), der auf Sachsen verzichtet.
s. 1145	Arnold von Brescia (1139 aus Rom und Italien verwiesen, bis 1145 in Frankreich und der Schweiz, dann wieder in Rom) giebt Veranlassung zu heftigen politischen Bewegungen in Italien und Rom, zu Vertreibung des Papstes Eugen III. und zur Erneuerung republicanischer Staatsformen in Rom.
1147—1148	Der II. Kreuzzug, unter Führung Konrad's III. und Ludwig's VII. von Frankreich unternommen, bleibt erfolglos. Gleichzeitig ziehen
1147	Heinrich der Löwe und die norddeutschen Bischöfe gegen die noch heidnischen Obotriten unter Niclot ohne wesentlichen Erfolg; ebenso
1147	Albrecht d. Bär und Konrad v. Meissen nebst mehrern Bischöfen gegen die Liutizen (bis Stettin), von denen ein grosser Theil bald darauf sich dem Christenthume zuwendet. Welf VI., früher vom Kreuzzuge zurückgekehrt, beginnt noch einmal Feindseligkeiten und wird während einer Krankheit des indessen auch zurückgekehrten Königs von des Königs Sohne Heinrich
1150	b. Flochberg geschlagen und muss sich unterwerfen. 1151 † Heinrich.
15. Fbr. 1152	zu Bamberg stirbt Konrad III.
1152—1190	**Friedrich I., Barbarossa**, geb. 1121, Neffe Konrad's III., und von diesem zu seinem Nachfolger empfohlen, von den angesehensten Fürsten einstimmig gewählt, schien schon durch seine Abstammung von Hohenstaufischem und Welfischem Geschlechte berufen, den zwischen Hohenstaufen und Welfen hervorgetretenen Zwiespalt

Friedrich I. I. Zug nach Italien. Krönung zu Pavia u. zu Rom. II. Zug.

wieder auszugleichen. Sein Vater Herzog Friedrich v. Schwaben, seine Mutter Heinrich's des Stolzen und Welf's VI. Schwester. Mit seinem Muttterbrudersohn, Heinrich dem Löwen, war er überdies durch Jugendfreundschaft verbunden.

Er war ein wohlmeinender, einsichtsvoller, kräftiger Regent, wenngleich zuweilen auch nicht ohne Stolz und Härte.

Sage von Joannes de Temporibus, dem armiger Karl's des Grossen, der im Jahre 1138, da Friedrich I. ein Jüngling von 17 Jahren war, 361 Jahre alt gestorben sein soll. (Bemerkung zum Auctarium Cremifanense nach H. Leo, Vorlesungen u. s. w. II. Bd.)

Er sucht die Macht des Reiches zu heben und Kaiserrechte geltend zu machen, besonders in Italien. Doch erreicht er auf seinen

fünf Kriegszügen nach Italien seine Absicht nicht, obgleich er im Ganzen willige Unterstützung von Seiten der Deutschen findet. Das Freiheitsstreben der grossen lombard. Städte im Bunde mit der immer gewaltiger sich erhebenden Papstmacht tritt ihm siegreich entgegen.

1154—1155	I. Zug nach Italien. Lodi, Como, Pavia klagen gegen Mailand, als Friedrich I. mit einem verhältnissmässig kleinen Heere die Alpen überschritten hat und auf den roncalischen Feldern Reichstag hält. Mailand scheint sich unterwerfen zu wollen, zeigt aber bald seine wahre, feindselige Gesinnung. Friedrich I. zu schwach, Mailand selbst anzugreifen, verbrennt Chieri und Asti, die sich gegen den Markgrafen v. Montferrat und den Bischof v. Asti erhoben, und zerstört das mit Mailand verbündete Tortona. Er erhält darauf in Pavia
17. Apr. 1155	die lombardische Krone und zieht gen Rom. Verhandlung mit Hadrian IV.. Arnold v. Brescia, von seinen Beschützern dem Kaiser über-
Juni 1155	geben, wird von diesem an den Papst ausgeliefert und verbrannt. Hierauf empfängt Friedrich I. von Hadrian IV.
18. Juni 1155	die Kaiserkrone. Aufruhr in Rom von den Deutschen niedergeschlagen. Rückkehr. Hinterhalt bei Verona. Tapferkeit Otto's v. Wittelsbach.
Anf. 1156	Friedrich I. stellt den Landfrieden am Rhein her und bestraft den Friedensbruch.
1156	Bayern (zugesprochen schon 1154) wird Heinrich d. Löwen übergeben, dagegen wird Oesterreich zu einem selbstständigen Herzogthum mit grossen Vorrechten unter Heinrich Jasomirgott erhoben. Friedrich I. vermählt sich mit
Pfingst. 1156	Beatrix, Erbin v. Hochburgund, nach Scheidung von seiner ersten Gemahlin, Adelheid, Markgräfin von Vohburg 1153.
1157	die päpstlichen Gesandten in Besançon; der Zwist mit dem Papste beginnt. (Die Kaiserkrone ein beneficium des Papstes genannt.) 1154—59 Hadrian IV., 1159—81 Alexander III. Gegenpäpste: 1160—64 Victor IV., 1164—68 Paschalis III., 1168 Calixt III.
1158—1162	II. Zug nach Italien. Mailand wird in die Acht erklärt, belagert, muss sich ergeben und erhält Begnadigung unter demüthigenden Bedingungen. Reichstag auf den roncalischen Feldern. Fest-

	stellung des Kaiserrechts über die lombard. Städte nach den Grundsätzen des altröm. Kaiserrechts durch die vier grössten Rechtsgelehrten der damaligen Zeit, Bulgarus (os aureum), Martinus de' Gosi (copia legum), Jacobus Ugolinus, (sol Lombardiae), Ugo Alberici, denen 28 Mitglieder lombard. Stadträthe beigegeben wurden. Darnach: Ernennung der städtischen Magistrate, besonders der Podesta und Consuln durch den Kaiser; alle als Regalien bezeichneten Steuern, Zölle, Einkünfte, mit Ausnahme der früher ausdrücklich geschenkten, gehören dem Kaiser; bei Veräusserungen und Verpfändungen ist Consens des Lehnsherrn erforderlich; Verbot der Fehden. Die Universität Bologna erhält wichtige Privilegien — freies Geleit für die Studirenden, eximirten eigenen Gerichtsstand.
1159	Mailand empört sich wieder mit andern Städten, besonders Brescia und Crema, welches letztere bald erobert und zerstört wird.
1160	Friedrich I. wird in den Bann gethan, ebenso der Gegenpapst Victor.
1162	muss sich auch Mailand nach langer Belagerung ergeben und wird auf den Spruch der Mailand feindlichen Lombarden zerstört. Pisa, Piacenza, Ravenna, Bologna, Brescia ergeben sich und nehmen die vertriebenen Podesta wieder an.
1162	Papst Alexander III., der für Mailand Partei genommen und Friedrich I. 1160 gebannt hat, muss nach Frankreich fliehen.
1163—1164	III. Reise Friedrich's I. nach Italien, ohne Heer, wie ohne Erfolg. Er hält sich abwechselnd in Lodi, Pavia und in Städten der Mark Ancona auf, und vermag weder durch Strenge, noch durch Milde Ruhe zu schaffen.
1164	erhebt er auf Bitten der Genuesen, die mit Pisa um Sardinien streiten, den Bariso zum König v. Sardinien. Bald darauf neuer Streit über die Insel zwischen Pisa und Genua, wobei Bariso auf Seite der Pisaner.
1164	Veroneser Bund. Verona, Vicenza, Padua, Treviso, Venedig verbinden sich gegen den Kaiser, der sich genöthigt sieht, vor Verona umzukehren. Alexander III. wird durch die Normannen (Wilhelm I. 1154—66) von Sicilien nach Rom zurückgeführt.
1166—1168	IV. Zug nach Italien. Friedrich I. belagert Ancona, das der byzant. Kaiser Manuel besetzt hatte, und nimmt dann — nach Vertrag mit Ancona,
1167	Rom ein, gegen das Erzb. Christian v. Mainz vorausgesandt war.
1. Aug. 1167	wird er hier von dem kaiserl. Papst Paschalis III. sammt seiner Gemahlin gekrönt. Schon im Frühjahr hatte sich
April 1167	der lombardische Städtebund gebildet, durch den Mailand u. bald auch Tortona wieder hergestellt u. der Kaiser ernstlich bedroht wird. Dazu Pest im Heere. Fluchtartige Rückkehr des Kaisers. Seine
1168	Rettung in Susa durch Hermann v. Siebeneichen.
1166—1168	In Deutschland Heinrich's des Löwen Vertheidigungskampf gegen seine Gegner, 1168 durch den Kaiser beigelegt. Der lombard. Städtebund wird erweitert und auf 50 Jahre ausgedehnt. Seine Verbindung mit den sicil. Normannen und Manuel.
1171	Alessandria am Tanaro an der Grenze von Montferrat von den Lombarden erbaut und nach Alexander III. benannt.

1174—1178	V. Zug nach Italien. Wie Christian v. Mainz 1174 Ancona, so belagert der Kaiser Alessandria vergeblich und schliesst einen Waffenstillstand. Entlassung des Heeres.
1174—1175	Bei Wiederbeginn der Feindseligkeiten versagt Heinrich der Löwe, der am Zuge Theil nahm, die Heeresfolge, wird auch durch die dringenden Vorstellungen und Bitten des Kaisers zu Chiavenna nicht erweicht.
29. Mai 1176	bei Legnano wird Friedrich I. von den Lombarden geschlagen. Erst mehrere Tage nach der Schlacht, in der man ihn gefallen wähnte, erschien er wieder in Pavia. Friedrich I. knüpft durch Gesandte (Kanzler Erzb. Christian) Verhandlungen mit dem Papste an, die zum
1. Aug. 1177	Frieden von Venedig führen. Alexander III. und Friedrich I. erkennen einander an (der Gegenpapst Calixtus III. geht ab und erhält eine Pfründe), die Lombarden erhalten auf 6 Jahre, die Normannen von Sicilien auf 15 Jahre Waffenstillstand, der Kaiser behält die Mathildischen Güter noch 15 Jahre und erweist dem Papste die herkömmlichen Ehren.
25. Juni 1183	Friede zu Constanz mit den lombard. Städten. Der Kaiser gesteht ihnen zu: Amnestie, die Hoheitsrechte, welche sie bisher besessen, Wahl der Obrigkeiten und Consuln, die jedoch seiner Hoheit unterworfen sind, während der Kaiser das Oberrichteramt behält und bei seinem Erscheinen Lieferungen (das Fodrum) gemacht und Wege und Brücken ihm in Stand gehalten werden müssen.
Pfingst. 1184	Reichsfest zu Mainz bei Wehrhaftmachung der ältesten Söhne des Kaisers, Heinrich's, röm. Königs (s. 1169), und Friedrich's, Herzogs v. Schwaben.
27. Jan. 1186	Zum sechsten Male zieht Friedrich I. nach Italien, um zu Mailand die Vermählung seines Sohnes Heinrich mit Constantia, Tante und Erbin des kinderlosen Königs Wilhelm II. von Neapel und Sicilien, feierlich zu begehen. Hierdurch Aussicht auf Vermehrung der hohenstaufischen Hausmacht, aber auch auf Streit mit den Päpsten. Nachfolger Alexander's III.: 1181—1185 Lucius III. 1185—1187 Urban III. 1187 Gregor VIII. 1188—1191 Clemens III. 1191—1198 Cölestin III. 1198—1216 Innocentius III. 1216—1227 Honorius III. 1227—1241 Gregor IX. 1241 Cölestin IV. 1241—1243 Sedisvacanz. 1243—1254 Innocentius IV. 1254—1261 Alexander IV. 1261—1264 Urban IV. 1264—1268 Clemens IV. 1268—1271 Sedisvacanz.
1189—1190	(III.) Kreuzzug. Friedrich I. unternimmt den gelobten Kreuzzug mit seinem Sohne Friedrich v. Schwaben an der Spitze eines starken Heeres. Trotz vorausgegangener Verhandlungen muss er sich doch den Weg durch die Staaten des Isaac Angelus und des Sultans von Iconium mit Gewalt bahnen. 1190 sein Sieg bei Philomelium. 10. Juni 1190 sein Tod im Kalykadnus. 20. Januar 1191 Tod Friedrich's v. Schwaben vor Ptolemais.
	Händel mit Heinrich d. Löwen. Heinrich d. Löwe hatte seit 1142 Sachsen, seit 1156 Bayern erhalten.
1166—1165	erheben viele norddeutsche geistliche und weltliche Fürsten, durch Heinrich's Willkühr und Stolz verletzt, Fehde gegen ihn.

	Der eherne Löwe zu Braunschweig. Friedrich I. stellt nach IV. ital. Zuge die Ruhe her.
s. 1174	Spannung zwischen Heinrich d. L. und dem Kaiser wegen der Welfischen Erbschaft, die der alte Welf zum Theil an den Kaiser verkauft hatte, nachdem sein Neffe Heinrich d. L., der nicht kaufen wollte, was er zu erben hoffte, den Kauf ausgeschlagen.
1175	vollständiger Bruch nach der Scene zu Chiavenna.
1179	Heinrich d. Löwe, mehrmals vom Kaiser vorbeschieden, unterwirft sich nicht. Nach dem letzten Tage zu
1179	Kaina b. Zeitz (nach andern zu Würzburg) erfolgt die Acht. Nachdem er nochmals vergeblich
1180	nach Gelnhausen vorbeschieden, wird Heinrich entsetzt und über seine Länder verfügt.
	Sachsen wird verkleinert. Die Erzbischöfe und Bischöfe (bes. Cöln) erhalten herzogliche Rechte, den östlichen Theil erhält Bernhard von Ascanien (Albr. d. Bär. Sohn) als Herzogthum. Bayern, ebenfalls verkleinert (Steiermark, die Bischöfe u. a. der herzogl. Gewalt entzogen), kommt an Otto v. Wittelsbach. Heinrich d. Löwe vertheidigt sich in Sachsen mit Erfolg, besonders gegen Bernhard und den Landgrafen Ludwig III. v. Thüringen, den er fängt.
Aug. 1180	stellt der Kaiser den Anhängern Heinrich's noch eine Frist, bis zu der sie ihn verlassen sollen. Heinrich wird verlassen.
Nov. 1181	zu Erfurt unterwirft er sich dem Kaiser, erhält Braunschweig und Lüneburg zurück, soll aber sieben Jahre ausser Landes gehen.
1182—1185	Heinrich d. L. bei seinem Schwiegervater Heinrich II. v. England; er darf 1185 zurückkehren.
1185	erneuert er seine Ansprüche auf Sachsen gegen Herzog Bernhard.
1189	Heinrich d. L. geht wieder nach England, da ihm die Wahl gegeben wird, ob er dies thun oder den Kaiser begleiten, um nach der Rückkehr völlig entschädigt zu werden, oder mit den väterlichen Gütern zufrieden sein und Ruhe halten wolle. Aber
1189	nach dem Tode seiner Gemahlin Mathilde, die in Deutschland geblieben war, kehrt er zurück, um das Verlorne wieder zu gewinnen.
1189—1190	wird er von Friedrich's I. Sohne Heinrich und den Holsten geschlagen.
1190	zu Fulda söhnt er sich mit König Heinrich VI. und seinen Gegnern aus. Aber er hält die Bedingungen nicht, wesshalb
1191	Heinrich VI., nun Kaiser, gegen ihn zieht. Nach neuen Kämpfen erfolgt
1194	zu Tilleda (am Kyffhäuser) die Aussöhnung, zu welcher die Verheirathung Heinrich's, Sohnes H. d. Löwen, mit Agnes, Tochter des rhein. Pfalzgrafen Konrad, Nichte Friedrich's I., den Weg bahnt. 6. Aug. 1195 stirbt Heinrich d. Löwe in Braunschweig.
1190—1197	**Heinrich VI.**, Friedrich's I. Sohn, 24 Jahre alt, dem Vater gleich an Muth, aber habsüchtig und hart, selbst grausam. Nach dem Tode seines Vaters und Wilhelm's II. v. Sicilien (1190) schliesst er, um die durch des letztern Tod ihm zugefallenen Lande in Besitz zu nehmen, den Frieden zu Fulda mit Heinrich d. L., den er bekämpfte, und zieht

1190—1191	nach Italien und empfängt
15. Apr. 1191	die Kaiserkrone v. Cölestin III. (nach Preisgebung v. Tusculum-Frascati.) In Sicilien war Tancred, Graf v. Lecce (unehelicher Sohn eines Sohnes v. Roger I. v. Sicil.), zum König gewählt worden. Heinrich VI. zieht gegen Neapel, vermag aber nichts auszurichten, und muss, als er zurückkehrt, auch seine Gemahlin gefangen in den Händen der Gegner lassen. Doch wird sie bald von Tancred freigegeben. Nach Beendigung des Kampfes gegen Heinrich d. L. und nach endlicher Freilassung des Königs Richard v. England, Schwagers v. Heinrich dem L., zieht Heinrich VI. wieder
1194	nach Italien, wo indessen Tancred Febr. 1194 gestorben war. Heinrich VI. nimmt Apulien und Calabrien — auch Neapel — ohne Widerstand ein und erobert Sicilien mit Hülfe der Genuesen. Er bekommt Tancred's Wittwe Sibylle und ihren kleinen Sohn Wilhelm III. in seine Gewalt. Anfangs verspricht er den Sohne die väterlichen Güter Tarent und Lecce zu geben und zeigt sich mild. Bald aber — nach angeblicher Entdeckung einer Verschwörung — wird Sibylle mit ihren drei Töchtern wieder gefangen gesetzt und Wilhelm wahrscheinlich geblendet. Die Anhänger Tancred's werden auf's grausamste verfolgt und bestraft. Cölestin III. thut Heinrich VI. in den Bann, den dieser nicht achtet. Philipp v. Schwaben, Heinrich's VI. Bruder, erhält die Mathildischen Güter und die griech. Kaisertochter Irene, Wittwe oder Verlobte von Tancred's verstorbenem älteren Sohne, zur Gemahlin. Nach
1195 1195—1197	Albrecht's des Stolzen v. Meissen Tode (vergiftet) zieht er Meissen ein und bedroht Albrecht's Bruder, Dietrich den Bedrängten, mit Meuchelmord. (Sage von dem Fasse, in dem er aus Palästina entkommen.) Er strebt nach Erblichkeit der deutschen Krone und verspricht dafür den weltlichen Grossen Erblichkeit der Lehen, den geistlichen Verzichtleistung auf die Spolienrechte, will auch Neapel und Sicilien unzertrennlich mit dem Reiche verbinden —; doch scheitert dieser grosse Plan am Widerstande vieler Grossen und besonders des Papstes. Er veranlasst
1196	einen Kreuzzug (IV.) unter Erzbisch. Konrad v. Mainz, auf dem phönicische Städte erobert werden.
28. Spt. 1197.	zu Messina stirbt Heinrich VI. in Folge eines unvorsichtigen Trunkes.
1198—1208	Philipp v. Schwaben, Oheim und Vormund des eigentlich schon zum Nachfolger bestimmten dreijährigen Sohnes Heinrich's VI., Friedrich, wird zu Mühlhausen in Thüringen von den meisten Fürsten, von der welfischen Minderzahl dagegen (den Erzbischöfen von Cöln und Trier, Herzog v. Brabant und einigen lothring. Grossen) der jüngere Sohn Heinrich's d. Löwen
1198—1215	Otto IV. zu Cöln zum König gewählt. Ausserhalb Deutschlands sind für ihn Richard v. England und Knut VI. v. Dänemark.
1201	Friedrich und seine Mutter treten unter den Schutz Innocenz III. Otto IV. wird von Innocenz III. bald anerkannt. Der Krieg

Philipp v. Schwaben. Otto IV. Friedrich II.

21. Juni 1208	zwischen den Nebenbuhlern wendet sich zum Vortheil Philipp's, zu dem auch Brabant und Cöln übergehen und Böhmen und der Landgraf von Thüringen zurückkehren; schon soll er auch vom Papste anerkannt werden, als er auf der Altenburg b. Bamberg von Pfalzgraf Otto v. Wittelsbach (Neffen des ersten Wittelsbacher Bayernherzogs) ermordet wird. Philipp's Gattin Irene stirbt bald nach ihm.
	Otto IV. wird hierauf von der hohenstauf. Partei anerkannt und verlobt sich mit Philipp's Tochter Beatrix. (1212 vermählt.)
1209 4. October (od. 27 Spt.)	Otto IV. zieht nach Italien und empfängt von Innocenz III. (durch ihn 1209—29 die Albigenser-Kriege in Süd-Frankreich) die Kaiserkrone, zerfällt aber bald mit dem Papste, da er das Königreich beider Sicilien und die Mathild. Lande für das Reich verlangt.
1210	wird er von Innocenz III. gebannt und kehrt nach Eroberung Unteritaliens 1211 nach Deutschland zurück, wo nach dem Tode seiner Gattin Beatrix 1212 die hohenstauf. Partei ihn völlig verlässt.
1212	Friedrich II. kommt auf den Wunsch der hohenstauf. Partei mit Beistimmung des Papstes nach Deutschland, wird zuerst in Costnitz aufgenommen, findet bald immer mehr Anhang, vertreibt die Gegner, schliesst ein Bündniss mit Frankreich und wird ein Jahr nach der Niederlage, die sein mit England und Flandern verbündeter Gegner Otto IV.
27. Juli 1214	b. Bovines in Flandern durch die Franzosen erleidet,
25. Juli 1215	zu Aachen gekrönt, nachdem er schon vorher dem Papste versprochen, die röm. Kirche in den Besitz der Mathildischen Lande setzen zu helfen und in dem sicil. Reiche die Oberhoheit des röm. Stuhles anerkennen zu wollen. Dazu verspricht er 1216 noch weiter, das Reich beider Sicilien (damals das sicil. Reich diesseits und jenseits der Meerenge) unmittelbar nach Empfang der Kaiserkrone an seinen Sohn Heinrich abtreten zu wollen. Otto IV. führt den Kaisertitel bis an seinen Tod in seinen Stammländern und stirbt 1218 auf der Harzburg.
1215—1250	**Friedrich II.**, geb. 1194, vermählt a) 1209 mit Constanze v. Aragonien. b) Isabella (nach andern Jolantha) v. Jerusalem, Tochter Johann's v. Brienne. c) Isabella v. England, Schwester Heinrich's III. Hochbegabt, wohlunterrichtet und ebenso klug und energisch als freundlich und hochherzig, zeichnete Friedrich sich aus durch politischen Scharfblick und richtiges Urtheil über die Bedürfnisse der Staaten, besass aber in Folge seiner halb christlichen, halb muhamedanischen und jeden Falls italienischen Erziehung ebensowenig wahre Liebe zum deutschen Volke, als Sinn und Verständniss für die tiefsten Bedürfnisse des menschlichen Geistes und Herzens. Ihm zur Seite Peter a Vineis, sein hochgebildeter, staatskluger Kanzler, Thaddäus v. Suessa, sein Hofrichter u. a.
1216—1227	Friedrich II., meist in Streit mit Papst Honorius III., weil er seine ital. Erblande nicht an seinen Sohn Heinrich giebt, auch den 1215 zu Aachen gelobten Kreuzzug nicht hält. Doch erlangt er
1220	die Kaiserkrönung. Während er in seinem ital. Reiche die Ordnung herzustellen und wissenschaftlichen Sinn zu nähren (1224 Univer-

	sität Neapel) bemüht ist, waltet EB. Engelbert v. Cöln in Deutschland in seinem Namen. (Dombau beschlossen, aber erst 1248 unter Konrad v. Hochsteden begonnen, — Walther v. d. Vogelweide in seiner Nähe.)
1223	Waldemar II. v. Dänemark, der Siegreiche, der die deutschen Ostseeländer erobert hatte, wird von Heinrich, Grafen von Schwerin, gefangen genommen und nach seiner Befreiung später
1227	b. Bornhövede völlig geschlagen und genöthigt, alles Land südlich von der Eider wieder herauszugeben.
1226—1230	Auf die Bitte des Herzogs Konrad v. Masovien sendet der Hoch- und Deutschmeister Hermann v. Salza eine Anzahl Ritter des deutschen Ordens unter Hermann von Balk nach Preussen zur Eroberung und Bekehrung der noch heidnischen Ostseeländer. 1237 wird der Orden verschmolzen mit dem 1202 zur Bekehrung Livlands gestifteten Orden der Schwertbrüder.
Septb. 1227	Gregor IX. (1227—41) thut den Kaiser in den Bann, weil er sein Gelübde in Betreff des Kreuzzugs noch immer nicht gelöst.
1228—1229	(VII.) Kreuzzug Friedrich's II. Er gewinnt die heiligen Stätten durch Vertrag mit Kamel und krönt sich selbst zum König von Jerusalem.
	Die Lage seiner vom Papste angegriffenen Erblande und das Missverhältniss des Gebannten zur Geistlichkeit und den geistlichen Orden veranlassen ihn zu baldiger Rückkehr. In kurzer Zeit erobert Friedrich II. sein von den päpstlichen Truppen (Schlüsselsoldaten) besetztes Land zurück, und es kommt zum
1230	Frieden v. San Germano, in dem der Kaiser, vom Banne befreit, allgemeine Amnestie erlässt und den Kirchenstaat nicht anzugreifen verspricht.
	Für die Ordnung in seinem sicil. Reiche sorgt Friedrich II. durch eine durchgreifende Gesetzgebung (Peter a Vineis) und gute Einrichtungen, ordnet die Finanzverwaltung, drückt aber auch das Land durch Steuern und Zölle.
1233	Kreuzzug gegen die Stedinger an der Weser und Hunte Konrad v. Marburg.
Mai 1234	b. Altenesch werden sie geschlagen, verlieren die Reichsfreiheit und kommen unter den Grafen v. Oldenburg und den Erzbisch. v. Bremen.
1235	die Empörung des Königs Heinrich, ältesten Sohnes des Kaisers, wird unterdrückt.
	Heinrich wird gefangen gehalten und stirbt 1242 im Neapolitanischen.
1235	Reichstag zu Mainz, auf dem fast alle deutsche Fürsten und Bischöfe erscheinen und wichtige Angelegenheiten geordnet werden.
	Das Mainzer Capitular oder Landfriedensgesetz, eine Sammlung von Gesetzen für das Reich, deutsch und lateinisch verfasst und deutsch bekannt gemacht, ordnet das Gerichtswesen und soll den Landfrieden sichern. 1236 Friedrich II. in Marburg am Grabe der h. Elisabeth (s. 1235).
	Otto das Kind (Sohn Otto's IV.) erhält Braunschweig-Lüneburg als Herzogthum.

1236—1239	Kampf gegen Friedrich d. Streitbaren, Herzog v. Oesterreich, einen tapfern, aber wüsten und rohen Mann, Schwager und Genossen des Königs Heinrich, der sich an seinen Vasallen und Unterthanen, seinen Nachbarn und dem Reiche vergangen. In die Acht erklärt wird er vertrieben, kehrt aber bald zurück, gewinnt sein Land wieder und wird vom Kaiser begnadigt.
1241 bei Liegnitz	werden die eingedrungenen Mongolen von Herz. Heinrich dem Frommen v. Liegnitz und den Deutschrittern unglücklich, aber tapfer bekämpft, ziehen nach dem Süden, werden
1242 b. Neustadt a. d. Donau	von Konrad und Enzio besiegt und kehren zurück. In Italien tritt Friedrich II. mit den tapfern, aber rohen und grausamen Gewalthabern Ezzelino und Alberico di Romano und mit Salinguerra v. Ferrara
s. 1232	zu Ravenna in Verbindung, um mit ihrer Hülfe den wieder sich erhebenden Lombardenbund zu bekämpfen.
1235—1250	Krieg gegen die lombardischen Städte. 1236 erscheint Friedrich II. persönlich wieder in Italien.
1237 b. Cortenueva,	nordöstlich v. Cremona, besiegt er die Lombarden. Die meisten Lombardenstädte unterwerfen sich. Nur Mailand (nebst Piacenza, Bologna, Vicenza) beugt sich nicht, und Brescia widersteht mit Erfolg. Der Streit mit dem Papste bricht wieder aus, da er seinen Sohn
1238	Enzio mit der reichsten Grundbesitzerin von Sardinien vermählt und zum König dieser Insel macht, über welche der Papst selbst die Oberhoheit beansprucht.
1239	Gregor IX. (fast hundertjährig) thut den Kaiser abermals in den Bann. Dessen zweiter (nach Cölestin IV. 1241 † und einer Sedisvacanz bis 1243)
1243—1254	Nachfolger Innocenz IV. (Graf Fiesco v. Lavagna, vorher Friedrich's II. Freund) muss vor dem Glücke seiner Waffen nach Frankreich fliehn. Hier aber setzt er
1245	auf dem Concil zu Lyon Bann und Absetzung des Kaisers durch, der sich vergeblich von seinem Hofrichter Thaddäus von Suessa (1248 in Parma gefangen und †) vertheidigen lässt.
1245—1247	Heinrich Raspe, Landgraf v. Thüringen, von der päpstlichen Partei zum Gegenkönig in Deutschland erwählt, wird
1247	b. Ulm von des Kaisers Sohn Konrad geschlagen und stirbt an einer in der Schlacht erhaltenen Wunde. Nach ihm wird der junge zwanzigjährige
1247	Graf Wilhelm v. Holland zum Gegenkönig gewählt, auch 1248 gekrönt, ohne weitere Bedeutung zu gewinnen. Friedrich bleibt in Italien siegreich. Zwar wird sein Sohn Enzio bei Fossalta
1249	unweit Bologna gefangen (um erst nach 23 Jahren in der Gefangenschaft der Bologneser zu sterben), zwar tödtet sich Peter a Vineis, der Mitwissenschaft um eine Verschwörung gegen das Leben des Kaisers angeklagt, im Gefängniss selbst, aber der Kaiser, obgleich im tiefsten Herzen getroffen und körperlich leidend, zieht in's Neapolitanische und bedroht Rom — da erkrankt er an einer Dysenterie und stirbt
13. Dec. 1250	zu Fiorentino unweit Luceria in Apulien (begrab. in Palermo). Ihm folgt
1250—1254	**Konrad IV.**, s. Sohn. geb. 1228, s. 1236 König. Derselbe bleibt in Deutsch-

	land ohne Anhang, da der Papst gegen ihn und alle Angehörigen des hohenstaufischen Hauses sich erklärt und die Bettelmönche gegen ihn wirken, ja selbst das Kreuz predigen lässt. Ein Anschlag auf sein Leben in einem Kloster zu Regensburg scheitert.
1251	b. Oppenheim wird Konrad IV. v. Wilhelm v. Holland geschlagen, geht nach Italien, empfängt von seinem ebenso edeln und liebenswürdigen, als tapfern und schönen Bruder Manfred den grössten Theil Apuliens und erobert was sich widersetzt, stirbt aber
20. Mai 1254	zu Lavello (bei Amalfi) — nur der Sage nach vergiftet.
1254—1266	Manfred (Konrad's Halbbruder v. Blanca Lancia, mit der Friedr. II. noch 1250 sich trauen liess, um seine Verbindung mit ihr zu legitimiren) verwaltet das Reich als Vormund für Konrad's IV. Sohn Konradin.
1258	nimmt er endlich die Königskrone an, da Konradin's Tod fälschlich gemeldet wird, erklärt aber dann, dass Konradin ihm nach seinem Tode nachfolgen solle, wenn er nach Italien gesandt und hier erzogen werde. Die Päpste — nach Innocenz IV. † 1254, Alexander IV. † 1261, und Urban IV. † 1264 — bleiben Manfred feindlich, wie den Hohenstaufen überhaupt. Schon Urban IV. spricht dem Bruder Ludwig's IX. von Frankreich,
1262 1265	Karl v. Anjou, Herrn von der Provence, das sicil. Reich zu, und Clemens IV. erneuert die Verhandlungen und gewährt Karl noch günstigere Bedingungen.
26. Fbr. 1266	b. Benevent fällt Manfred im Kampfe gegen Karl, da die Neapolitaner ihn verlassen.
	Konradin, geb. 1252, nach des Vaters Konrad IV. Tode von seiner Mutter Elisabeth v. Bayern (1261 wieder vermählt an Meinhard, Graf v. Tyrol) unter Vormundschaft des Oheims Ludwig v. Bayern erzogen, innig befreundet mit Friedrich v. Baden (Sohn Hermann's von Baden und der Babenbergischen Erbtochter Gertrud), zieht auf die Einladung der Ghibellinen nach Italien, wird durch den Castilischen Prinzen Heinrich (Schutzherrn oder Senator von Rom) feierlich in Rom aufgenommen,
23. Aug. 1268	bei Tagliacozzo od. Scurcola von Karl v. Anjou (Erard v. Valery) völlig geschlagen, von Johannes v. Frangipani in Astura gefangen, an Karl ausgeliefert und auf dessen Befehl mit Friedrich v. Baden und 11 Gefährten
29. Oct. 1268	in Neapel enthauptet.
1254—1273	**Interregnum.**
1247—1256	**Wilhelm v. Holland**, ohne Ansehn in Deutschland, fällt gegen die Friesen.
1253—1256	Gründung des rheinischen Städtebundes. (Hansa schon seit 1241—1242.)
	Vorzüglich durch den Einfluss des EB. von Cöln, Konrad v. Hochsteden (Grundstein zum Cölner Dom 1248, zu dessen Bau schon Engelbert aufgefordert), wird gewählt
1257—1272	**Richard v. Cornwallis**, Bruder Heinrich's III. von England, während eine andere Partei
1257—1273	**Alphons X. v. Castilien** auf den Thron beruft, der nie nach Deutschland kommt.

		Richard erscheint nur zuweilen in Deutschland (in Aachen gekrönt 1257), belehnt
1262	Ottokar II.	, König in Böhmen, mit Oesterreich, das derselbe 1246 nach Friedrich's des Streitbaren Tode in Besitz genommen, sowie mit Steyermark, Kärnthen und Krain, und verbietet
1269		die unbefugte Anlegung neuer Rheinzölle.
1247	Heinrich d. Erlauchte v. Meissen (1221—1288) erhält nach Heinrich Raspe's Tode Thüringen, dessen westlichen Theil (bald Hessen genannt) er nach
1256—1263	siebenjährigem Thüringischen Erbfolgekriege gegen Sophia (Tochter Ludwig's d. Heil. v. Thüringen, Gemahlin Heinrich's von Brabant) an Sophia's Sohn, Heinrich das Kind, den
1263		Stammvater des Hessischen Hauses, überlässt.

Resultate der Bewegungen und Kämpfe des XII. u. XIII. Jahrh. Die Macht des Reiches und die königliche Macht ist im Kampfe mit den Päpsten und den Lombarden gesunken. Die Zahl der reichsunmittelbaren Gebiete in Deutschland hat sich unglaublich vermehrt (etwa 5000). Die grossen Herzogthümer sind fast sämmtlich verkleinert und getheilt worden. So Sachsen und Bayern nach Heinrich's d. Löwen Entsetzung 1180; Burgund 1218 nach dem Erlöschen der ältern Linie des Zähringer Hauses mit Berthold V. (die jüngere Linie ist Baden); Franken und Schwaben aufgelöst 1268. Ueberdies werden getheilt: Bayern 1253 in Ober- und Nieder-Bayern, Sachsen 1260 in Sachsen-Wittenberg u. S.-Lauenburg, Braunschweig 1252 (1267) in Lüneburg u. Braunschweig. Die Rechte der Fürsten und Herren und Städte in ihren Gebieten haben sich erweitert.
Die Städte vor allen mit ihren reichen und tapfern Geschlechtern und kampfbereiten Zünften sind durch Handel und Gewerbe und Bildung nach dem Vorgang und Vorbild der italischen und burgundischen emporgeblüht.
Auf Leben und Sitten, Handel und Gewerbe, Wissenschaften u. Künste, selbst auf die Entwickelung des Ritterthums nach seinen glänzenden Seiten und auf dessen beginnenden Verfall, ja auch auf die Stoffe der deutschen Nationalpoesie haben die Kreuzzüge — die eigenthümlichste Frucht fränkisch-germanischer Religionsbegeisterung in Mittelalter — den mächtigsten Einfluss geübt.
Die Kirche hat die Herrschaft über den Staat, das Papstthum die Herrschaft über die Kirche gewonnen. Die Herrschaft der Päpste über Kirche und Staat haben gefördert die neuen Prediger- und Bettelorden, die, wie die Mönchsorden überhaupt, selbst ein Zeichen der Zeit waren.
Die älteren waren:

1)	529	Die Benedictiner, im Wesentlichen nach Augustinus' Regel von Benedict v. Nursia auf Monte-Casino bei Pontecorvo im Neapolitanischen gestiftet, ihrer Richtung nach vornehmlich bestimmt durch Cassiodorus in Vivarium bei Scyllacium † 565.
2)	910	Die Cluniacenser, gestiftet von Berno zu Clugny im Gebirge von Charolais

		nordwestlich von Macon, treten bedeutender hervor seit und durch Abt Odilo Ende X. Jahrh.
		Dazu kamen andere, besonders
3)	1084	die Carthäuser, in la grande Chartreuse bei Grenoble von Bruno v. Cöln gestiftet; (memento mori.)
4)	1098	die Cistercienser, zu Citeaux in der Côte d'or südl. von Dijon von Robert gestiftet;
		Clairvaux das wichtigste Cistercienser-Kloster, gestiftet 1115 durch den heil. Bernhard.
5)	1220	die Prämonstratenser, zu Prémontré bei Laon gestiftet von Norbert von Xanten.
		Endlich die vier Bettel- und Predigerorden:
6)	1156	die Carmeliter, eine Art Cistercienser, 1254 in einen Bettel- und Predigerorden verwandelt;
7)	1216	die Dominicaner, gest. von Domenico Guzman 1215, bestätigt 1216;
8)	1223	die Franciscaner, gest. von Francisc. v. Assisi 1208, bestätigt 1223;
9)	1256	die Augustiner-Eremiten, durch Papst Alexander IV. gestiftet.
		Bedeutendste Dichter des XII. und XIII. bis gegen Mitte des XIV. Jahrhunderts.
		Lyriker:
vor 1200 †		Heinrich v. Veldeke, Begründer der Formen des Kunstepos.
zw.1210-20†		Hartmann v. Aue (Reichenau).
um 1190		Reinmar d. Alte: Minnelieder und Kreuzlieder.
nach 1228 †		Walther v. d. Vogelweide, der zarteste, edelste, grösste unter allen.
um 1230 †		Wolfram v. Eschenbach, als Epiker bedeutender, denn als Lyriker.
b.Anf.XIII.J.		Gottfried v. Strassburg, auch Verfasser trefflicher religiöser Gedichte.
um 1270 †		Reinmar v. Zweter: Sprüche, auch religiösen Inhalts.
1318 †		Heinrich Frauenlob oder v. Meissen, vielleicht auch Verfasser des Sängerkriegs auf der Wartburg 1206.
		Barthel Regenbogen, Schmied und wandernder Sänger zur Zeit Frauenlob's in Mainz.
		Didaktiker und didakt. Gedichte:
		Der Winsbeke und die Winsbekin von unbekannten Verfassern.
		Thomasin v. Zirkläre in der ersten Hälfte des XIII. Jahrh. (der wälsche Gast).
		Freidank's Bescheidenheit (i. e. Klugheit, Bewandtheit) — in der Art Walther's v. d. Vogelw. nach W. Grimm von Walther selbst.
zw.1274-77†		Ulrich v. Lichtenstein (der Frauen Buch). Hugo v. Trimberg (d. Renner 1309).
Anf.XIV.Jrh.		Konrad v. Ammenhausen (Schachzabelbuch). Ulrich Boner (Fabeln und Schwänke unter dem Namen: der Edelstein).
		Epiker:
		Hartmann v. Aue: Erek und Iwein (Artussage). Gregorius. Der arme Heinrich. — Wirnt v. Gravenberg (um 1228 †): Wigalois.
bis XIII. Jrh.		Gottfried v. Strassburg: Tristan und Isolt, unvollendet fortgesetzt von Ulrich v. Türheim und Heinrich v. Freiberg.
1230 †		Wolfram v. Eschenbach: Parcival (Gralsage). Titurel, Fragm. Willehalm (Karlsage), unvollendet.
XII. Jahrh.		Der Pfaffe Konrad: Rolandslied. Konrad Flecke: Flore und Blancheflur (Karlsage).
Ende XII.Jh.		Der Pfaffe Lamprecht: Alexander. Heinrich v. Veldeke: Eneit.
1254 †		Rudolf v. Ems: Barlaam und Josaphat. Der gute Gerhard. Wilhelm v. Orlens. Alexander. Weltchronik bis Salomo †.
1297 †		Konrad v. Würzburg: d. heil. Alexius (zur Empfehlung des Cölibats).

XI. od. XII. J.	Papst Silvester. Der trojan. Krieg. Der Schwanenritter. Kleine poet. Erzählungen. Das Leben der heil. Elisabeth. Lyrisch: Die goldene Schmiede (zur Verherrlichung der h. Jungfrau). Das Annolied, von einem Unbekannten. Die Kaiserchronik bis 1147. Herzog Ernst (v. Ernst v. Bayern (!) und Kaiser Otto (!) seinem Stiefvater). Bruchstücke.
Mitte XIII. J.	Der Stricker: kleine Erzählungen. Der Pfaffe Amis. Karl. Daniel v. Blumenthal. Thiersage.
XII. Jahrh.	Heinrich der Glichezare: Reinhart, ein Fragm. Volksepos: Zwerg Laurin. Sigenot. Eckenlied. Alphart's Tod. Die Rabenschlacht. (Sämmtl. zur Dietrichsage.) König Rother. Ortnit. Hugdietrich. Wolfdietrich. (Lombard. Sage.)
XIII. Jahrh.	Gudrun (Bearbeitung sächs. normannischer Sagen).
XII. Jahrh.	Nibelungenlied oder der Nibelungen Noth. Verschieden davon: der Nibelungen Klage, aus dem Lateinischen übersetzt.
	Hand in Hand mit der Blüthe der Poesie und dem Gesammtaufschwung des deutschen Geistes geht die Entwickelung der gothischen Baukunst und der im Dienste derselben stehenden Bildhauerei und Glasmalerei.
	Bauvereine, zuerst in Britannien (Yorker Verfassungsurkunde von 926), später Bauhütten am Rheine. Freimaurer.
1273—1437	**Kaiser aus verschiedenen Häusern.** (Zuletzt 1347—1437 Luxemburger, ausgenomm. Ruprecht v. d. Pfalz 1400—1410.) Hauptquellen: Albertinus Argentinens. Martinus Minorita, flores temp. Stero Joannes Vitoduran. Henricus de Rebdorf. Trithemii Chronicon Hirsaugiens. Reimchronik v. Ottokar v. Hornek. Zachudi, chronic. Helvet. v. Iselin, nicht ganz gedruckt. Chronicon Aulae Regiae. — Gobelinus Persona — 1418. — Aeneas Sylvius. Neue Sammlungen: Bohmeri Regesta imperii inde a Conrado I. usque ad Henricum VII. Böhmeri Fontes Rerum Germanicarum. J. E. Kopp, Rudolf v. Habsburg u. s. Zeit. 2 Bde. 1845. (Geschichten von der Wiederherstellung und dem Verfalle des heil. röm. Reichs.) Lichnowsky, Geschichte des Hauses Habsburg. 1836 fgg.
1273—1291 geb. 1218	**Rudolf v. Habsburg**, gewählt auf Empfehlung des EB. v. Mainz Werner v. Eppenstein und des Burggrafen v. Nürnberg Friedrich v. Zollern „als ein tüchtiger Ritter und redlicher frommer Mann." a) Er erhebt Deutschland aus tiefer Zerrüttung, indem er soviel als möglich die Fehden und Räubereien beschränkt. So unterwirft er
1286	Eberhard II., Grafen v. Würtemberg, einen wilden, fehdelustigen Ritter, „Gottes Freund, aller Welt Feind."
1286	in Burgund und Savoyen tritt er dem Uebermuthe der Grossen und den Uebergriffen Frankreichs mit den Waffen entgegen, nachdem er 1284 mit einer burgund. Grafentochter Isabelle in zweiter Ehe sich vermählt. Dann zieht er nach Thüringen, wo in Folge der Kämpfe zwischen Albrecht d. Unartigen v. Meissen und seinen Söhnen niemand den Landfrieden aufrecht erhielt, bricht 66 Raubburgen und lässt
1289 1290	in Erfurt 29 Raubritter hinrichten. Ebenso zerstört er am Rhein und in Franken und Schwaben 72 Raubburgen. b) Er ist zufrieden mit feierlicher Anerkennung seiner Kaiserrechte und zieht — seiner frühern Absicht entgegen — nicht nach Italien. Ja die Kaiserrechte auf Italien giebt er auf.

	Gründe: Das unmittelbare Bedürfniss Deutschlands fordert seine Anwesenheit; die traurigen Früchte der bisherigen Verbindung mit Italien schrecken ihn.
	c) Er begründet die Macht seines Hauses in Deutschland.
	König Ottokar II. v. Böhmen (aus dem Hause Przemisl, das 1306 ausstirbt) verweigert ihm die Huldigung.
	An ihn war nach dem Tode des letzten Babenbergers Friedrich's des Streitb. 1246, sowie nach Wladislav's v. Mähren (Gatten der Nichte Friedrich's d. Str., Gertrud) 1246—47, und Hermann's v. Baden (des zweiten Gatten von Gertrud) 1247—50 kurzer Regierung
1251	Oesterreich, 1260 Steyermark, 1270 Kärnthen und Krain gekommen.
1275—1276	wird er geächtet und unterwirft sich. Nach abermaliger Erhebung wird er
26. Aug. 1278	auf dem Marchfeld von Rudolf geschlagen und in der Schlacht getödtet.
	Böhmen und Mähren kommen an Ottokar's II. Sohn Wenzeslav II.
1282	Oesterreich mit Steyermark, Kärnthen, Krain an Rudolfs Söhne Albrecht und Rudolf, nachdem Hartmann, dem er Burgund bestimmt hatte, 1281 ertrunken war.
	1283 giebt der König Oesterreich an Albrecht allein, Rudolf soll entschädigt werden, stirbt aber 1290 vor dem Vater. Kärnthen erhält Grf. Mainhard v. Tirol, ein Verwandter der Babenberger, als Oesterreichisches Lehen.
	Von Rudolf's 6 Töchtern heirathen 5 Reichsfürsten, eine einen auswärtigen Fürsten, Karl Martel, Kronprinzen v. Neapel, Enkel Karl's v. Anjou, bestimmt zum König v. Ungarn.
15. Juli 1291	stirbt Rudolf auf dem Wege nach Speier, auf einem Schiffe im Rheine bei Germersheim, nach andern in Speier selbst.
1291—1517	**IV. Hauptperiode. Vom Ende der Kreuzzüge bis zur Reformation.**
1292—1298	**Adolf v. Nassau,** gewählt durch EB. Gerhard v. Mainz (mit List), schliesst einen Subsidienvertrag mit England gegen Frankreich, leistet aber keine Hülfe und kauft für das Geld
1294—1295	die Thüringischen Länder von Albrecht dem Unartigen von Meissen und Thüringen. (Nach andern will er nur die Rechte des Reichs auf den von Friedrich Tuta besessenen Theil von Meissen nach dessen Tode gegen die Vettern Tuta's, die Söhne Albrecht's des Unart., geltend machen. Jährliche Einfälle in Thüringen und Meissen.)
	Er zerfällt mit Gerhard v. Mainz (über die Rheinzölle) und mit andern Fürsten, wird entsetzt und an seiner Statt Albrecht v. Oesterreich zum König gewählt.
2. Juli 1298	bei Gelnheim (zwischen Worms und Alzey) wird er von Albrecht besiegt und fällt (nur angeblich von Albrecht's Hand).
1298—1308	**Albrecht I.,** gewählt von den 7 Fürsten, die sich ausdrücklich als Kurfürsten bezeichnen, ein strenger, düsterer, habsüchtiger Fürst, nur wenn sein Interesse in's Spiel kam, auch thätig, tapfer, freigebig.
	Schon als Gatte einer Hohenstaufin, der Stiefschwester Konradin's, wird er vom Papst Bonifacius VIII. nicht anerkannt und verbindet sich darum mit Philipp IV. von Frankreich (der bald darauf Bonifacius demüthigt, das Papstthum nach Avignon und in Abhängigkeit von Frankreich bringt und den Templerorden ausrottet).

4 *

	Er söhnt sich aber bald schon mit ihm und unter nachtheiligeren Bedingungen mit Clemens V. 1305 aus und verzichtet auf die Besetzung der Bis- und Erzbisthümer.
1301	zwingt er die 4 rhein. Kurfürsten, die sich Rheinzölle angemasst haben, zur Unterwerfung und Aufhebung der Zölle.
	Vergeblich sind seine Unternehmungen zur Vergrösserung seiner Hausmacht.
1) 1300	Holland sucht er vergebens als Reichslehen einzuziehen (erst Ludwig d. Bayer 1345 gewinnt es).
2) 1307	Böhmen, das er 1306 für seinen Sohn Rudolf gewonnen hat, geht nach dessen Tode 1307 wieder verloren. Statt seines zweiten Sohnes Friedrich, dem er es zuwenden will, wird Heinrich v. Kärnthen, des letzten Przemisliden Wenzel III. Schwager, zum König gewählt.
3)	Thüringen sucht er ebenfalls vergeblich für das Reich oder für sich zu gewinnen, sein Heer wird
31. Mai 1307	b. Lucka von Friedrich dem Gebissenen und Diezmann geschlagen.
4)	Die Schweiz vermag er ebenfalls nicht zu unterwerfen.
	Frühere Verhältnisse der Schweiz oder Helvetiens.
409	Helvetien besetzt von Burgundern und Alamannen, als diese wandern. Dann wird es
	erst Theil des fränkischen, hierauf des burgundischen (sss Hochburgund) Reichs,
1032	kommt es mit Burgund zum deutschen Reiche; — bei diesem im Ganzen 1032—1648. und zwar
1032—1097	als Theil Alamanniens oder Schwabens steht es unter dessen Herzögen, dann
1097—1218	als Ober-Alamannien oder Schweiz — der Name kommt allmählich auf — unter den Zähringern, dann
1218-91 (1300)	unter den Habsburgern als Reichsvögten. (1240 erhielten die Schweizer die Reichsfreiheit von Kaiser Friedrich II. von Faenza aus bestätigt.
s. 1300	will K. Albrecht die Schweiz der Reichsfreiheit berauben.
	Oesterreichisch gesinnte Männer als Reichsvögte. 7. Novbr. 1307 Rütlibund gegen die Bedrückung derselben. 25. Decb. 1307 Vertreibung der Vögte. 7. Jan. 1308 Bund zu Brunnen. Sagenhafte Geschichte des Tell. (Die ganze Geschichte des Schweizer-Aufstandes während der Regierung Albrecht's I. wird nicht nur von kathol. und österreichischen Geschichtsschreibern [Kopp und Fürst Lichnowsky], sondern auch von Schweizern selbst [G. v. Wyss, über die Geschichte der drei Länder etc. 1212—1315, Zürich 1858.] bekämpft und in Zweifel gezogen.)
1. Mai 1308	bei Windisch in der Nähe von Habsburg wird Albrecht von seinem Neffen Johann (Sohn Rudolf's) und dessen Mitverschworenen ermordet. Kloster Königsfelden von seiner Wittwe Elisabeth und seiner Tochter Agnes (Wittwe des Königs von Ungarn) auf der Stelle der That gegründet.
15. Novb. 1315	bei Morgarten wird Leopold I. († 1326), Albrecht's zweiter Sohn, von den Eidgenossen unter Reding geschlagen.
1339	bei Laupen siegt Bern unter Rudolf v. Erlach über den fremden Adel.
8. Decbr. 1350	Ewiger Bund der Schweizer Urkantone. Ausser Luzern treten nach und nach bei: Bern, Zürich, Zug, Glarus. (Die 8 alten Orte.) Leopold II., Neffe Leopold's I., wird bei neuem Einfall
9. Juli 1386	bei Sempach in Luzern geschlagen und †. Arnold v. Winkelried. Leopold III., Sohn Leopold's II., will den Vater rächen, wird aber
0. April 1388	bei Näfels von den Glarnern unter Matthias von Bühel entscheidend geschlagen. 1389 Friede von Näfels.

Heinrich VII. Ludwig der Bayer. Friedrich der Schöne.

s. 1409	Nach neuen Niederlagen des schwäbischen Bundes und Oesterreichs reisst sich die Schweiz allmählich vom Reiche los und wird ganz vom Reiche getrennt (zugleich mit den Niederlanden).
1648	
1308—1313	**Heinrich VII.**, geb. Graf v. Luxemburg, wird durch den Einfluss des EB. v. Mainz, Peter v. Aichspalt, gewählt. Philipp IV. v. Frankreich sucht die Krone an seinen Bruder Karl von Valois zu bringen. Friedrich den Gebissenen gewinnt er für sich, indem er die Reichsansprüche auf Meissen aufgiebt.
1309	wird Heinrich v. Kärnthen, König von Böhmen, geächtet, in Folge einer Beschwerde seiner Vasallen gegen ihn u. weil er Heinrich VII. nicht anerkannt hat. Mit Wenzel's II. Tochter Elisabeth, die den nächsten Anspruch hat, vermählt Heinrich VII. seinen Sohn Johann.
1311	Böhmen wird Johann übertragen. Darauf zieht Heinrich VII. mit einem Heere
1311—1312	nach Italien, lässt sich 1311 mit der lombardischen Krone krönen (für ihn spricht und schreibt Dante [1265—1321], feiert ihn auch in der divina commedia), und empfängt zu Rom
29. Juni 1312	die Kaiserkrone auf dem Capitol, das er erstürmen muss, durch einen Cardinallegaten. Schon auf der Rückkehr erklärt er den König von Neapel als Herrn der Provence in die Acht, weil er seine Krönung zu verhindern suchte, und bricht, nachdem er sich mit dem König von Sicilien (seit der Sicil. Vesper 1282 ein selbstständiges Königreich unter aragonischen Königen) verbunden, gegen Neapel auf — wegegen der Papst sich erklärt, stirbt aber
24. Aug. 1313	zu Buonconvento bei Siena an einer Krankheit (angeblich Vergiftung beim Abendmahle). Begraben in Pisa. Nach 14monatlichem Streite der Parteien werden
19. Oct. 1314	**Friedrich d. Schöne** von der habsburgischen Partei (EB. v. Cöln, Rudolf v. S. Wittenberg, Pfalzgraf Rudolf, Heinrich v. Kärnthen) und am folgenden Tage
20. Oct. 1314	**Ludwig d. Bayer** von der luxemburgischen Partei (EB. v. Mainz, v. Trier, Kurf. v. Brandenburg, König Johann v. Böhmen, Johann v. S. Lauenburg) zum König gewählt.
1314—1330	**Friedrich d. Schöne**, Sohn Albrecht's I., den 25. Nov. vom EB. v. Cöln in Bonn gekrönt,
1314—1347	**Ludwig d. Bayer**, Herz. v. Oberbayern, den 25. Nov. vom EB. v. Mainz in Aachen gekrönt. In Ludwig's Regierung tritt hervor a) sein Kampf und seine Versöhnung mit Friedrich d. Schönen. Friedrich d. Sch. und sein Bruder Leopold bekämpfen die Urkantone ohne Erfolg. Leopold's Niederlage b. Morgarten 1315.
28. Spt. 1322.	bei Mühldorf auf der Ampfinger Heide wird Friedrich d. Sch. von Ludwig d. Bayer geschlagen und gefangen. Seyfried Schweppermann. Friedrich gefangen auf der Trausnitz in der Oberpfalz bis 1325.
1325	Friedrich d. Sch. wird von dem durch den Papst, den König v. Frankreich, den Herzog Leopold bedrängten Ludwig auf Bedingung freigelassen und kehrt, da er keine Versöhnung zu stiften vermag, in Ludwig's Gewalt zurück. In Folge dessen
Septb. 1325	theilt Ludwig die Regierung mit ihm, doch 1326 nach Leopold's

		Tod behält Friedrich bis an seinen eignen Tod 1330 nur noch den Titel und zieht sich zurück.
		b) **Ludwig's d. B. erfolgreiche Bemühungen um die Vergrösserung der Macht seines Hauses.**
1)	s. 1312	führt Ludwig die vormundschaftliche Regierung in Niederbayern für seine minorennen Vettern und schlägt Friedrich d. Sch., der vom Adel zum Vormund gewählt war, bei **Gammelsdorf 1313**.
	s. 1317	Vertrag mit seinem Bruder Rudolf v. d. Pfalz, der ihm bis zum Ende des Kampfes gegen Friedrich d. Sch. die Regierung seiner Lande überlässt. (Bayern getheilt 1253 in Oberbayern und Niederbayern, Oberbayern wieder 1294 in die Pfalz und das eigentliche Oberbayern.)
	1319	stirbt sein Bruder Rudolf. Nun behält er die Regierung als Vormund und giebt erst
	1329	nach dem Vergleich v. Pavia die Rheinpfalz und einen Theil von Oberbayern, der seitdem die Oberpfalz heisst, an seine Neffen heraus, setzt aber die Erbverbrüderung und Unveräusserlichkeit der oberbayr. Lande und den Wechsel der Kurwürde zwischen beiden Linien
	1329	im Vergleich v. Pavia fest. Nach dem Tode seines Vetters Heinrich
	1340	erhält er auch Niederbayern und schliesst auch dieses in den Vergleich ein.
2)	1323	Brandenburg, wo 1319 das ascanische Haus erlosch, bringt er an seinen Sohn Ludwig d. Strengen.
3)	1342	Tirol bringt er an sein Haus, indem er die Tochter Heinrich's v. Kärnthen, Gräfin Margarethe Maultasch, von ihrem Gatten, dem Sohne des Böhmenkönigs Johann, scheidet und mit seinem Sohne Ludwig d. Str. vermählt.
4)	1345	Holland nebst Seeland und Frisland gewinnt er nach dem Tode des Grafen Wilhelm v. Avesnes, mit dessen ältester Schwester er vermählt war.
		c) **Ludwig's d. B. Streit mit der Papstmacht.**
		Mit Johann XXII. — der daher s. 1324 die Kaiserwürde Karl IV. v. Frankreich zuwenden will — kommt er in Streit wegen des Reichsvicariats über Mailand, das dieser gegen das von Ludwig damit betraute Haus Visconti nach den „Clementinen" für sich in Anspruch nimmt.
	1324	wird Ludwig d. B. gebannt. Es bildet sich eine päpstliche und eine kaiserliche Partei.
	1327—1330	Ludwig in Italien. Er erhält in Mailand die lombard. Krone und lässt das Haus Visconti im Besitz des Reichsvicariats, nur dass für Galeazzo Visconti dessen Sohn Azzo eingesetzt wird. Mit stärkerem Heere zieht er gegen Rom, wo er
	1. Jan. 1328	die Kaiserkrone von Sciarra Colonna, die Salbung von zwei Bischöfen erhält. Peter Corvara (Minorit)
		als Nicolaus V. vom Volke zum Papst ausgerufen und vom Kaiser eingesetzt. Bald aber muss Ludwig, von Robert v. Neapel bedroht und vom Volke verlassen, aus Rom weichen.
		Auch Nicolaus V. tritt zurück. Der Kaiser kehrt nach einem Aufenthalte in Oberitalien — Vergleich v. Pavia 1329 — nach
	1330	Deutschland zurück.
	1330—1333	Johann v. Böhmen, der sich nach Italien wendet, hat vorübergehend grosses

	Ansehn daselbst, muss aber endlich, verlassen und bedroht, wieder abziehn. Kaiser Ludwig sucht sich vergeblich durch Johann mit dem Papste zu versöhnen. Er demüthigt sich aufs Aeusserste und verläugnet fast das Reich und seine Freunde, will aber doch nicht ganz zurücktreten. Er ernannt sich dann wieder und stützt sich auf die Fürsten.
15. Juli 1338	im Kurverein zu Rhense verpflichten sich die Fürsten auf seinen Antrag, das Ansehn und die Würde des Reichs gegen jeden zu vertheidigen und zweifelhafte Sachen durch Stimmenmehrheit zu entscheiden.
	Die dem Papste gehorsamen, dem Reiche gegenüber renitenten Geistlichen werden entsetzt und vertrieben, und die Städte besonders nehmen sich des Kaisers an.
	Doch schadet sich Ludwig selbst, indem er im Geheimen wieder mit dem allerdings milden, aber von Frankreich abhängigen Papste Benedict XII. unterhandelt, sowie durch die willkürliche Scheidung der Margarethe v. Tirol.
	Endlich gelingt es dem Papste Clemens VI. nach neuem Banne 1346 und feierlicher Verfluchung des Kaisers am Gründonnerstage, fünf Kurfürsten
Juli 1346	zu Rhense zur Absetzung des Kaisers Ludwig und zur Wahl Karl's IV. v. Luxemburg zu bestimmen. Die andern Kurfürsten, besonders der bisherige Kurfürst v. Mainz, Heinrich v. Virneburg (dessen Gegner Gerlach v. Nassau), und der Kurf. v. d. Pfalz erkennen die Wahl nicht an. Karl muss nach Frankreich fliehen, wo sein Vater Johann, zuletzt ganz blind, Aug. 1346 bei Cressy im Kampfe gegen die Engländer fällt. Ludwig hält sich überall gegen Karl, während das Reich durch Fehden und Plünderungen zerrissen wird.
11. Oct. 1347	stirbt Ludwig plötzlich auf der Bärenjagd — Kaiserwiese bei Fürstenfeld — unweit München.
1330	Erfindung des Schiesspulvers (durch den Mönch Berthold Schwarz?), vielleicht nur Nachbildung und Einführung einer viel älteren chinesischen Erfindung. In China erweislich vorhanden 1232. China im XIII. Jahrh. von europ. Reisenden (Dominicanern, Franciscanern, zuletzt d. Venetianer Marco Polo) vielbereist. Griechisches Feuer davon verschieden s. d. VII. Jahrh.
I. XIII. XIV. u. XV. Jahrh.	die Fehmgerichte (Vehme) oder heimlichen Gerichte, in Westphalen entstanden, allmählich in Folge der überhandnehmenden öffentlichen Unsicherheit durch ganz Deutschland verbreitet, ursprünglich im Namen des Kaisers gehegt, wirken anfangs wohlthätig, arten aber später aus.
1348—1349	Zeit grosser und allgemeiner Noth. Erdbeben (Villach zerstört); Pest oder schwarzer Tod fast in ganz Europa. Reuerinnen oder Beguinen (die sich begeben, büssen), Begharden (Picarden), Lollharden (später besonders die Anhänger Wikliffe's), Geissler (Flagellanten auch schon im XIII. Jahrh.). Die letzteren trugen eine Abschrift des göttlichen Briefs (angeblich am h. Grabe auf einer Marmorplatte vom Himmel gefallen), weisse Hüte mit rothen Kreuzen und sangen Leisen ($Κύριε\ ἐλέησον$). Papst und Geistlichkeit sind dagegen; man sah eine Refor-

1349	mation darin, weil diese Büssenden keines Priesters bedurften. In Folge der Pest blutige Verfolgungen der Juden; deren Aufnahme in Polen. 1346—47 der phantastische Tribun Cola Rienzi (Nicolaus Laurentius) republicanisirt Rom; 1354 als Senator ermordet. Dante (1265—1321). Petrarca (1304—74), Boccaccio (1313—1375) erwärmen sich und begeistern Andere für das Studium der Alten, besonders der röm. Classiker, und bereiten damit auch für Deutschland eine neue Bildungsperiode vor.
1347—1378	**Karl IV.**, [Quellen: Vita Karoli IV. Imp. ab ipso conscripta. Pelzel, Gesch. Kais. K. IV. 1783. Palacky, Gesch. v. Böhmen.] geb. 1316, eigentlich Wenceslav getauft, erst von Karl IV. v. Frankreich, seinem Oheim, Karl genannt, Sohn Johann's v. Böhmen und der Elisabeth, vom 8. Jahre an in Frankreich gut unterrichtet. Die Wittelsbacher Partei bot die Krone an Eduard III. v. England, der, wohl von Karl IV. gewonnen, zurücktritt, auch Friedrich dem Ernsthaften von Meissen, der dasselbe thut. Dann wird
1349	Graf Günther v. Schwarzburg durch Ludwig d. Strengen und seine Brüder als Gegenkönig aufgestellt, weil Karl IV. den 1348 aufgetretenen „falschen Waldemar" unterstützt. (1355 tritt der falsche Waldemar zurück und stirbt 1356 in Anhalt.) Die Ritter und der Adel sind für Günther. Günther in Frankfurt a. M. Karl IV. meidet den Kampf. Günther erkrankt und stirbt, nachdem er einen günstigen Vertrag wegen Abtretung der Kaiserkrone geschlossen hat. Verfall der Sicherheit und Sittlichkeit in Brandenburg und sonst in Deutschland. Adelsverbindungen, zu gegenseitiger Unterstützung geschlossen, arten häufig aus in Verbindungen zu gemeinsamen Räubereien. Dergleichen waren: Der Sternerbund in Hessen (355 Burgen); die Schlägler in Westphalen; der Löwenbund am Rhein und in der Wetterau; die Martinsvögel und Schlägler in Schwaben; die Stellmeisen in Brandenburg. Städtebündnisse gegen sie schon seit Mitte XIII. Jahrh. In Brandenburg: Bund der Städte gegen die Landbeschädiger 1344. Karl IV. war gelehrt, kirchlich fromm, schlau, geldsüchtig und schien wenig Sinn für die wahre Ehre des Reichs zu besitzen, während er sich erfüllt zeigte vom Streben nach äusserer Ehre.

a) Für seine Erblande und für die Vermehrung seiner Hausmacht weiss er gut zu sorgen.

1351	Die Oberlausitz gewinnt er von den brandenburger Wittelsbachern Otto und Ludwig dem Römer, denen ihr Bruder Ludwig d. Str. Brandenburg überlässt.
1353	Die Oberpfalz erlangt er gleichfalls. Dann wird zur Oberlausitz auch
1363	die Niederlausitz und Anwartschaft auf Brandenburg von ihm erworben. Durch den
1373	Vertrag von Fürstenwalde erwirbt er Brandenburg; sein Schwiegersohn, der Wittelsbacher Otto, behält nur den Titel Kurfürst. († 1379.)
1348	Universität Prag für Böhmen gegründet.

b) Für das deutsche Reich, in dessen schlimmste Zeit seine Regierung fällt, hat er wenig gethan.

Auf seinen Zügen nach Italien, das geistig und materiell,

	durch Kunst und Wissenschaft, Handel und Wohlstand in seiner Blüthezeit steht, durch innere Parteien aber tief zerrissen ist, macht er sich und das Reich verächtlich, indem er darauf auszugehen scheint, Geld zu erwerben.
1354—1355	I. Zug nach Italien. Er erhält die lombardische und die Kaiserkrone, letztere durch zwei vom Papste (in Avignon) mit der Krönung und Salbung beauftragte Cardinäle. Die Hoffnungen der von Mailand bedrückten Lombarden täuscht er, weil das dort regierende Haus Visconti ihm Geld zahlt.
1368—1369	II. Zug nach Italien. Karl IV. lässt seine Gemahlin krönen durch Papst Urban V., der 1367 nach Rom gezogen war, von wo er jedoch 1370 nach Avignon zurückkehrt. Schon hatte Karl IV.
1365	auch in Burgund (zu Arles) sich krönen lassen, das Reichsvicariat aber über Burgund bald darauf dem französischen Dauphin — nachherigen Karl VI. — abgetreten.
1356	Die goldene Bulle, ein Reichsgesetz, vornehmlich zur Ordnung der Königswahl, zu Nürnberg und Metz berathen und zu Metz publicirt. Inhalt: I. Bezeichnung der sieben Kurfürsten und Bestimmung ihrer Vorrechte [a) Münz- und Bergwerks-Regal. b) Recht, den Judenschutz — eine Steuer — zu erheben. c) Oberste Gerichtsbarkeit — jus de non evocando]. II. Verleihung höherer Titel an mehrere Fürsten und Landschaften. (Berg, Jülich, Luxemburg werden Herzogthümer.) III. Viele wohlthätige Bestimmungen zur Ordnung des bürgerlichen Lebens, die nicht zur Ausführung gelangen. Versuch zur Herstellung eines Landfriedens. Ankündigung der Fehden wenigstens drei Tage vorher. Deutschlands innere Zerrüttung zeigt sich in den unausgesetzten erbitterten Kämpfen zwischen den einzelnen Gebieten und Ständen, ja sogar innerhalb der Städte zwischen den immer mächtiger werdenden Zünften unter ihren Bürgermeistern einer Seits, und den Geschlechtern unter ihren Schultheissen anderer Seits. Letztere werden grossentheils aus der Regierung der Städte verdrängt. Zur Sicherung des Landfriedens verleiht der Kaiser
1370—1378	Eberhard III., dem Greiner, selbst einem kampflustigen Ritter, die Reichsvoigtei; derselbe kämpft jedoch unglücklich gegen Adel und Städte. Nach ihm erhält die Reichsvoigtei
1378—1380	Friedrich, Herzog v. Bayern, ein Freund der Städte, von dem sie dann durch König Wenzel an
1380—1386	Leopold II. v. Oesterreich, den Freund und Hort des Adels, kommt.
1376	theilt Karl IV. seine Länder. Wenzel, 16 Jahre alt, erhält als „römischer König" von den Kurfürsten die deutsche Krone übertragen und vom Vater Böhmen, Schlesien, die Oberpfalz; Sigmund, 6 Jahre alt, die Mark Brandenburg mit der Kurwürde; Johann, der jüngste, die Niederlausitz u. ein schlesisches Gebiet (Schweidnitz, Jauer). Jodocus und Procopius, seine Neffen, die Söhne seines Bruders Johann Heinrich, erhalten Mähren, Wenzel, sein Bruder, behält das luxemburger Familienerbe.
1378—1400	**Wenzel,** gut unterrichtet, auch gewandt und gerecht, aber zum Theil in Folge pedantischer Erziehung, als er selbstständig ward,

	zügellos, zum Trunke geneigt, der Jagdpassion ergeben, wurde nach und nach unfähig zur Regierung. In den Städten und bei den niedern Ständen war er beliebt. Er regierte im Ganzen in Böhmen willkürlich — der Scharfrichter gehörte zu seiner Begleitung — in Deutschland nach dem Herkommen oder gar nicht. In Trunkenheit und leidenschaftlicher Erregung verfiel er zuweilen in Mordwuth.
1389	nöthigt er den Adel auf gewaltsame Weise, früher verliehene oder in Besitz genommene Krongüter ganz oder theilweise herauszugeben.
1382	Seine Schwester Anna wird an Richard II. von England vermählt; in Folge dessen kommen Böhmen nach England, die die Lehre Wikliffe's kennen lernen, bald auch englische Wikliffiten nach Böhmen. Die Wikliffitische Lehre begünstigt Wenzel und kommt dadurch in Streit mit der Geistlichkeit.
1393	lässt er im Streite mit dem Erzbischof von Prag, von dem er auch Krongüter zurückverlangt, den erzbischöflichen Official Nicol. Puchnik und dessen Vicar Joh. Pomuk verhaften, foltern und letztern gebunden in die Moldau werfen. (Puchnik später zur Entschädigung Erzbischof v. Prag.) Seine Brüder regieren nicht besser. Sigmund (Sigismund) besonders lässt Brandenburg in Verwirrung gerathen und verpfändet es, als er durch seine Gemahlin Maria, 1388 ihm vermählt, Tochter Ludwig's d. Gr. v. Ungarn und Polen, König von Ungarn geworden war, an seine Vettern Jodocus (Jobst) und Procopius von Mähren.
1394	verbinden sich Jobst und Sigmund gegen Wenzel mit den unruhigen böhmischen Grossen und nehmen ihn gefangen (88 Tage). Hierdurch gezwungen giebt er die eingezogenen Güter heraus und erkennt Jobst als Statthalter von Böhmen an. Doch müssen sie ihn freilassen, da sein Bruder Johann und sein Vetter Procopius und andre deutsche Fürsten zu seiner Hülfe herbeikommen. Da er aber rachsüchtig verfährt, erfolgt abermalige Erhebung, und er sieht sich genöthigt, Sigmund kommen zu lassen und
1396	
1396	ihn, da eben sein Bruder Johann und sein Oheim Wenzel v. Luxemburg gestorben waren, zu seinem Erben zu ernennen. Auch im Reiche verfährt er zuletzt willkürlich; er setzt seinen Vetter
1396	Jobst, einen rohen, räuberischen Menschen, ohne Rath der Kurfürsten in Luxemburg ein.
1396	Johann Galeazzo Visconti giebt er für Geld ebenfalls ohne Befragung der Kurfürsten, an deren Rath er durch die goldene Bulle und seine Wahlcapitulation gebunden war, die Herzogswürde von Mailand. Sein Bruder Sigmund, den er in Deutschland zum Reichsverweser ernennt, hat gegen die Türken zu kämpfen, die damals zuerst in Ungarn erschienen, und richtet nichts gegen sie aus. Wie schon 1389 bei Kossowa auf dem Amselfelde die Serbier, Bosnier, Albanesen von Murad I. geschlagen worden waren, so wird Sigmund

28. Spt. 1396	trotz der Unterstützung durch ein französisches und deutsches Kreuzheer bei Nicopolis an der Donau in der Wallachei von Bajazeth I. völlig geschlagen und entkommt mit Noth.
	Unter den inneren Kämpfen und Bewegungen in Deutschland während Wenzel's Regierung treten besonders hervor:
1) 1386—89	Die vergeblichen Versuche Leopold's II. und Leopold's III. von Oesterreich zur Unterwerfung der Schweiz.
2)	Die Kämpfe und Landfriedensbestrebungen in Schwaben und am Rhein.
	Als nach dem Städtefreunde Friedrich v. Bayern
1380—1386	Leopold II., ein Feind der Städte, zum Reichsvoigt über Schwaben, wo er, wie in der Schweiz, Güter hatte, ernannt ward, verbanden sich die Städte enger, und wurden in ähnlicher Weise übermüthig, wie es die Ritterschaft war.
1382	Eberhard III., d. Greiner (Rauschebart), sucht nun den Städtebund mit seinem Adelsbunde zu vereinen, um Streitigkeiten durch friedliche Ausgleichung beizulegen. Landfrieden zu Ehingen 1382, zu Nürnberg bestätigt 1383, desgleichen zu Heidelberg 1384.
	Bei den Rüstungen Leopold's II. gegen die Schweiz, von denen sie auch für sich fürchten, verbinden sich die Städte enger; auch die im südlichsten Schwaben (Schweiz)
1385	zu Constanz schliessen sich an, werden aber bald wieder aufgegeben.
	Dagegen wird
1386	der Vehmbund von einem grossen Theile der Ritterschaft zum Schutz gegen Uebergriffe der Städte geschlossen. König Wenzel aber zeigt sich den Städten günstig. Von beiden Seiten rüstet man. Zwar wird durch Wenzel ein neuer Landfriede vermittelt
1387	zu Mergentheim, aber auch bald gebrochen, da Herzog Friedrich v. Bayern, früher selbst den Städten verbündet, den EB. v. Salzburg, einen Verbündeten der Städte, gefangen nimmt.
	Kriegserklärung der schwäbischen, fränkischen, rheinischen Städte an Fürsten und Ritterschaft. Das von den städtischen Söldnern geplünderte Landvolk steht auf der Fürsten und des Adels Seite.
23. Aug. 1388	bei Döffingen, südwestlich von Stuttgart, werden die schwäbischen Städte von Eberhard III. geschlagen. Sein Sohn Ulrich †. Die rheinischen Städte werden
1388	bei Worms von Ruprecht v. d. Pfalz und die Frankfurter Söldner bei Kronenburg von der Ritterschaft des Taunus geschlagen.
1389	Reichsversammlung und Landfrieden zu Eger; die Städte als Stand genannt.
1390	Landfrieden v. Südwestdeutschland; die Städte erlangen Reichsstandschaft.
	Seit 1394 verhandelt Wenzel mit Frankreich über die Beendigung des Schisma durch ein Concil, unterwirft sich aber doch wieder dem Papste und wird unter dessen geheimer Mitwirkung
20. Aug. 1400	zu Rhense bei Oberlahnstein von den Kurfürsten entsetzt (stirbt 1419 als König v. Böhmen) und an seiner Statt gewählt Kurfürst

1400—1410	**Ruprecht** v. d. Pfalz, ein wohlwollender, gerechter, frommer, dabei tapferer Fürst, für die wilde Zeit aber nicht energisch genug. Die Luxemburger und Habsburger werden bei der Wahl ausgeschlossen. Die auswärtigen Mächte mit Ausnahme des römischen Papstes, der sich bald Ruprecht zuwendet, erkennen nur Wenzel als König an, auch in Deutschland halten es noch manche Reichsstädte und die Herzöge von Oesterreich mit ihm.
21. Oct. 1401	bei Brescia wird er auf seinem italischen Zuge (um Joh. Galeazzo Visconti zu entsetzen) von den Mailändern völlig geschlagen und kehrt bald zurück. (1402.)
1405	Bund zu Marbach, durch Erzb. Johann v. Mainz zwischen Mainz, Würtemberg, Baden, 18 Reichsstädten und seit 1407 auch Bayern zur Vertheidigung, in der That gegen König Ruprecht geschlossen. Trotzdem wird Ruprecht genöthigt, ihn anzuerkennen.
1409	Prager Conflicte durch Hus, Gründung der Universität Leipzig (2. Dec.), Eröffnung des Concils v. Pisa, zur Beendigung des Schisma; die Cardinäle, die das Concil berufen, erklären sich für Wenzel.
18. Mai 1410	zu Oppenheim stirbt Ruprecht. Hierauf wird zum röm. König ernannt den 20. Sept. von drei Kurfürsten
1410—1437	**Sigmund.** Wenzel's Bruder, von den übrigen aber den 1. Oct.
1410—1411	**Jodocus** (Jobst, Jost) v. Mähren, Wenzel's Vetter, nach dessen Tode
1411	Sigmund, nun auch mit Wenzel versöhnt, einstimmig zum röm. König gewählt wird. (Sigmund verspricht dabei sogar noch, Wenzel zur Kaiserkrone verhelfen zu wollen.)
	Die religiöse Bewegung in Böhmen steht im Zusammenhang einer Seits mit der Lehre des Engländers John Wikliffe, Doct. u. Prof. zu Oxford 1324—84, anderer Seits mit der Lehre und Wirksamkeit reformgesinnter Deutscher und Böhmen der früheren Zeit.
	Mit der heil. Schrift und den Lehrern der alten Kirche waren und machten bekannt:
† 1369	Konrad Waldhausen und dessen Gesinnungsgenosse, der Cisterzienser
† 1405	Johann Stekna, sowie Johann Milicz († 1374) und Matthias v. Janow († 1394).
	Wikliffe's Lehre in Böhmen bekannt seit der Vermählung Richard's II. mit Anna 1382.
	Eigentlicher Urheber der böhmischen Reformation wird
1369—1415	Johann Hus, geb. 6. Juli zu Husinecz, in Prag gebildet, seit 1391 Prediger, seit 1399 Professor, 1402 Rector der Universität und Beichtvater der zweiten Gemahlin Wenzel's, Sophia. Unbescholtenheit, Lehrhaftigkeit, christlicher Sinn, besonders Standhaftigkeit im Leiden zeichnen ihn aus. Sein Freund
1399	Hieronymus v. Prag soll Wikliffe's Schriften nach Prag gebracht haben. Hus stimmt in vielen Puncten (i. d. Lehre v. Abendmahl nicht) mit Wikliffe überein und behauptet namentlich, dass die Lehre des Christenthums allein aus der Bibel geschöpft werden müsse und dass die Kirche auch ohne den Papst bestehen könne. Schon
1403	erklärt sich die Universität, in deren Angelegenheiten die Deutschen den Ausschlag geben, gegen eine Anzahl wikliff'scher,

	von Hus vertretener Sätze. Es bildet sich eine husitisch-böhmische und eine katholisch-deutsche Partei.
1409	erwirken Hus und Hieronymus einen königl. Befehl, der die Statuten der Universität nach dem Beispiel der Pariser dahin ändert, dass die Ausländer in Zukunft nur 1 Stimme, die Böhmen aber 3 haben sollen.
Octob. 1409	Auswanderung der Fremden aus Prag, zum Theil nach Leipzig.
2. Dec. 1409	Universität Leipzig eröffnet, unter M. Otto v. Münsterberg, als erstem Rector. Stiftung durch Friedrich d. Streitb. und Wilhelm; Bestätigungsurkunde des Papstes vom 9. Sept. 1409.
1409	Hus beim Papste verklagt; das Lehren ihm verboten; seine Schriften verbrannt (1410).
	Nachdem er auch gegen den Ablass (Bulle Johann's XXIII.) sich erklärt hat und 1412 gebannt worden ist (worauf er Prag verlässt und auf der Burg der Herren v. Austie seine wichtigsten Schriften schreibt), wird er unter dem Versprechen freien kaiserlichen Geleites
1414	dem Concil zu Costnitz sich zu stellen veranlasst, in Costnitz aber schon 28. Nov. verhaftet.
6. Juli 1415	Hus verbrannt. (30. Mai 1416 Hieronymus v. Prag ebenfalls verbrannt.)
1414—1418	das Concil zu Costnitz. Abstimmung nach 4 Nationen. Diese sind: die deutsche, gallische, englische und italische.
	Verhandlungsgegenstände: Hus' Angelegenheit; Reformation der Kirche an Haupt und Gliedern, zu der es nicht kommt, weil man vorher schon — nach Beseitigung der drei fungirenden Päpste — eine neue Papstwahl vornimmt.
1416	verleiht Sigmund auf der grossen Reise, die er während des Concils macht, dem Grafen v. Savoyen die Herzogswürde und grosse (Titular-) Rechte über burgundische Gebiete, wie er schon früher 1407 die Grafschaft Cleve zum Herzogthum erhoben hatte.
18. Apr. 1417	Friedrich v. Hohenzollern, Burggraf v. Nürnberg, wird feierlich mit der Mark Brandenburg und der Kurwürde belehnt, nachdem er schon seit 1411 zum Verweser der Mark mit allen markgräflichen Rechten eingesetzt worden ist und bereits den 30. April 1415 durch ein schriftliches Document die Mark Brandenburg mit der Kurwürde erblich erhalten hat.
1423	Friedrich d. Streitbare v. Meissen, dem Könige werth als Vorkämpfer gegen die Husiten, erhält nach dem Aussterben des ascanischen Hauses in Sachsen das Herzogthum Sachsen und die Kurwürde. (Belehnung zu Ofen 1. Aug. 1425.)
	Rückblick auf die Zeit des Papstthums von Avignon und des Schisma.
1305-76 (78)	Päpste zu Avignon: Babylonische Gefangenschaft der Kirche. (7 Päpste 71 Jahre lang.)
1305—1314	Clemens V. nach Bonifacius VIII. († 1303) und Benedict XI. († 1304) zur Zeit Philipp's IV. (des Schönen) v. Frankreich. Aufhebung des Templerordens. Jaques de Molay †. Clemens V. (Bertrand de Got, Erzbisch. v. Bordeaux), wohnt erst in Lyon, seit 1309 in Avignon.

1316—1334	Johann XXII., nach einer Sedisvacanz (1314—16), bannt Ludwig den Bayer. Nicolaus V. Gegenpapst.
1334—1342	Benedict XII., fromm und mild, von Frankreich an der Aussöhnung mit dem Kaiser verhindert.
1342—1352	Clemens VI. Cola Rienzi in Rom.
1352—1362	Innocentius VI.
1362—1370	Urban V. hält sich 1367—70 in Rom auf, geht aber wieder nach Avignon.
1370—1378	Gregor XI.
1376	geht er nach Rom und stirbt dort 1378.
1378—1417	Zeit des Schisma. Seit 1378 zwei Päpste, seit 1409 drei auf einmal.

	Vier Päpste in Rom.		Zwei Päpste in Avignon.
1378—1389	Urban VI., roh und hart.	1378—1394	Clemens VII.
1389—1404	Bonifacius IX., Gegner K. Wenzel's.	1394—1416	Benedict XIII. wird zur Resignation durch das Concil verpflichtet und dann völlig entsetzt, behält aber d. Titel bei. (P. v. Peniscola, südl. von der Ebromündung in Span.)
1404—1406	Innocentius VII.	1417	
1406—1415	Gregor XII. dankt ab und stirbt 1417 als Cardinalbischof von Porto.		

	In Folge des in Frankreich wie in Deutschland hervortretenden Verlangens nach einem allgem. Concil zur Abstellung des Schisma wird das
1409	Concil zu Pisa von den Cardinälen berufen, macht aber das Unheil ärger. Es kann Gregor XII. und Benedict XIII. nicht zur Abdankung bringen und wählt gleichwohl einen neuen dritten Papst
1409—1410	Alexander V., nach dessen Tode gewählt wird
1410—1415	Johann XXIII. (Balthasar Cossa, vorher eine Zeit lang Pirat). Er beruft und eröffnet das Concil zu Costnitz, entsagt 1415, flieht aber dann mit Herzog Friedrich v. Tirol, widerruft die Entsagung, wird gefangen, abgesetzt und stirbt 1420 als Cardinalbischof von Tuscoli.
	Sein Beschützer, Herzog Friedrich v. Tirol, wird gebannt (v. Concil) und geächtet; der grösste Theil seiner südschwäbischen (habsburgischen und lenzburgischen) Besitzungen kommt an die Schweiz, Aargau an Bern, Thurgau an Zürich.
1417—1431	Martin V. (Colonna), zu Costnitz gewählt, beginnt die Nationen durch Abschluss besonderer Concordate zu trennen. Gründonnerstagsbulle: In coena domini erlassen.
1431—1447	Eugen IV. behauptet sich klug gegen das Concil von Basel 1431—49 und dessen Papst Felix V.
1447—1455	Nicolaus V. stellt (Wiener oder Aschaffenburger Concordate) die frühere Macht fast wieder her.
1455—1458	Calixt III. (ein Borgia) zeigt steigende Anmassung.
1458—1464	Pius II. (Aeneas Sylvius Piccolomini), vorher auf Seiten des Concils, ändert schon als Kanzler Friedrich's III. seine Gesinnung und verbietet als Papst die Berufung eines allgemeinen Concils. Streit mit Podiebrad.
1464—1471	Paul II. thut Podiebrad in den Bann.
1471—1484	Sixtus IV. spricht den Portugiesen alle jenseits des Cap Bojador gemachten Entdeckungen zu.
1484—1491	Innocentius VIII. Anordnung der Hexenprozesse. Ausdehnung der Kraft des Ablasses auf die Seelen im Fegefeuer.
1491—1503	Alexander VI. (Roderigo Borgia, sein Sohn Cesare, seine Tochter Lucretia).

1503—1513	Einführung der Büchercensur. Bestimmung der Grenze zwischen den spanischen und portugiesischen Entdeckungen; 100 Meilen westlich von den Azoren beginnt der Besitz der Spanier. 1495 Ligue von Venedig. Julius II. (Julian von Rovere), Krieger und Wiederhersteller des Kirchenstaates. 1508 Ligue v. Cambray. 1511 heilige Ligue.
1513—1521	Leo X. (Johann v. Medici). Kirchensteuern zur Errichtung prächtiger Bauten (Peterskirche u. a.). Ablass.
1419—1436	Husitenkriege. Schon während über Hus in Constanz noch verhandelt wird, feiert man in Prag das Abendmahl sub utraque, und Hus erklärt sich im Gefängniss dafür. Bis in's XIV. Jahrh. war der Kelch in Böhmen gespendet worden; es bestand noch Erinnerung daran.
1417—1418	Allgemeine Einführung des Kelchs unter den böhmischen Husiten; Jacob v. Mies.
1418	werden die Husiten in den Bann gethan.
1419	Häupter der Husiten: Nicolaus v. Husinecz, königl. Burggraf auf Hus und Prachatic, und Johann Ziska v. Troczuow; anfangs mit Wenzel im Einverständniss treten sie bald aus seinem Dienst.
1419 v. 22. Juli an	Husitenversammlung auf dem Taborberge in Südböhmen unter Nic. v. Husinecz zum Zwecke eines mehrtägigen kirchlichen Nationalfestes ohne weltliche Ergötzlichkeit.
30. Juli 1419	Störung einer husitischen Procession in Prag durch den Rath und katholische Bürger. Sieben Rathsherren werden aus dem Fenster gestürzt und getödtet.
16. Aug. 1419	K. Wenzel's Tod. Aufstand in Prag. Königin Sophia von Sigmund zur Regentin erklärt. Dem Landtage verweigert Sigmund Zusicherung der Religionsfreiheit für die Husiten. Bald erheben sich die Czechen, die fast alle Husiten sind, gegen die Deutschen und die Katholiken, zu denen Anfangs der grössere Theil der Städte und die grossen Grundherren sich halten. Spaltung der Husiten in gemässigte oder Calixtiner, auch Utraquisten, und in fanatische, die bald Taboriten genannt werden von der festen Stadt, welche
1420	auf dem Hügel Hradist von Austic aus angelegt und Tabor genannt wird. Gegen den äussern Feind sind die Husiten einig. Sigmund, der seine Schwägerin Sophia ihrer husitischen Gesinnungen wegen mehr drängt, als unterstützt, verfährt in Schlesien (Breslau) hart auch gegen die Gemässigten; daher fallen Prag und andere Städte ab und nehmen Ziska auf.
14. Juli 1420	bei Prag am Ziskaberge wird Sigmund von Ziska geschlagen. Vergebliche Belagerung Prag's durch Sigmund. Grausamkeit beider Theile. Weitere Spaltungen der Husiten: Orebiten, Taboriten, Ziska's besondere Partei (später Orphaniten). Die bald auch hervortretenden communistischen Adamiten werden verfolgt von allen.
1 Nov. 1420	bei Prag wird Sigmund abermals besiegt, da er den Wisschrad entsetzen will.
Ende 1420	stirbt Nic. v. Husinecz in Uneinigkeit mit Ziska über die Regierung Böhmens.
1420	Die vier Prager Artikel der Taboriten werden von dem Landtage

1421	zu Czaslau angenommen, und statt Sigmund's, den man nicht als Herrn anerkennt, wird eine Regierung von 20 Directoren eingesetzt. Doch erlangt diese Directorialregierung ebensowenig wirkliche Gewalt als Prinz Coributh, Neffe des Grossfürsten Witold von Litthauen, den der Adel zur Wiederherstellung einer monarchischen Regierung an die Spitze stellen will. 1422 und 1424—1427 hält er sich in Böhmen auf, ohne grosses Ansehn zu gewinnen, und wird zuletzt noch gefangen gehalten.
1421	bei Saaz werden die Sigmund zu Hülfe ziehenden Deutschen unter Friedrich d. Streitbaren von Meissen, Friedrich von Hohenzollern u. a. von Ziska zurückgeschlagen.
9. Jan. 1422	bei Deutsch Brod wird Sigmund selbst von Ziska geschlagen. Darauf werden Mähren und Oesterreich (Herz. Albrecht) von den Husiten angegriffen und verwüstet.
Oct. 1424	vor Przibislav stirbt Ziska. Die Taboriten nun unter Procop d. Grossen, die Orphaniten unter mehrern Führern, besonders unter Procop d. Kleinen.
	Brix und Dux werden von ihnen zerstört, da Sigmund diese Städte an Friedrich den Streitbaren gegeben hat.
1425	bei Brix werden thüringische und sächsische Truppen geschlagen.
1426	bei Aussig wird ein sächsisches Heer unter den Grafen von Weida und Schwarzburg besiegt, Aussig erstürmt.
1427—1431	Reichstage, um Beschlüsse zu gemeinsamen Maassregeln gegen die Husiten zu fassen: 1427 zu Heidelberg und Frankfurt (Husitensteuer); 1429 zu Presburg! 1430, 1431 zu Nürnberg.
21. Juli 1427	bei Mies, westlich von Pilsen, wird ein Theil des deutschen Kreuzheeres unter Friedrich dem Streitb. in die Flucht geschlagen; die andern Truppen unter Friedrich von Brandenburg und Otto von Trier ziehen sich in Folge dessen zurück.
	Von nun an suchen die Husiten plündernd und mordend die benachbarten Länder heim, besonders Schlesien, die Lausitz, Meissen, Sachsen, das Voigtland, Franken, auch Mähren und Ungarn.
	1427 Einfälle in Bayern und Franken. 1428 Plünderungszug durch Mähren. 1429 Einfall in Meissen und der Lausitz (Zittau, Neustadt-Dresden).
1430	Grosser Plünderungszug durch Meissen (Döbeln, Dahlen, Oschatz, Colditz, Grimma, Vorstädte von Leipzig, Altenburg). 1431 Einfall in's Voigtland und Osterland.
1. Aug. 1431	bei Tauss und Riesenburg wird ein neues grosses Kreuzheer (unter Kurfürst Friedrich I. von Brandenburg und Cardinallegat Julian Cesarini) in 5 Abtheilungen völlig geschlagen.
1432	suchen die Husiten die Nachbarländer ebenfalls heim, werden aber in Ungarn geschlagen.
1433	ziehen die Orphaniten unter Joh. Czapko bis Danzig und verbrennen Oliva; die Procope ziehen plündernd nach Bayern, Schlesien und bis Ungarn.
	Frieden erwartet man in Deutschland und Böhmen von den versöhnlichen Unterhandlungen
1431—1449	des Baseler Concils, das nach vergeblichen Verhandlungen mit den Husiten zu Eger 1432 und zu Basel 1433 endlich doch
10. Nov. 1433	die Prager (Baseler) Compactaten vereinbart, in denen den Calixtinern (Main-

	hard von Neuhaus, Johann Rokyczana) ihre wichtigsten Forderungen bewilligt werden: 1) Sub utraque. 2) Bestrafung der Geistlichen von weltlichen Richtern wegen gemeiner Vergehen, doch unter Zuziehung von Geistlichen. 3) Freie Predigt des Evangeliums durch Geistliche. 4) Geistliche dürfen als solche keine weltliche Regierung führen, sondern nur die Güter der Kirche verwalten; aber auch weltliche Personen dürfen sich nicht der Kirchengüter bemächtigen. Die Calixtiner trennen sich wegen der Compactaten von den Taboriten und Orphaniten, die sie verwerfen. Von den Calixtinern, dem Adel und den Städten wird eine Reichsverwaltung eingesetzt (Alexius v. Rosenberg, Mainhard v. Neuhaus).
28. Mai 1434	bei Lipau (und Böhmisch Brod od. Hrzik) werden die Taboriten von den Calixtinern geschlagen; beide Procope mit dem Kern der Taboriten fallen. K. Sigmund sucht Versöhnung. Er gratulirt den Ständen zum Siege, sie gratuliren ihm zur eben erlangten Kaiserwürde. (1433 Krönung in Rom.)
1435	Aussöhnung mit Sigmund auf 14 Artikel. Calixtiner und Taboriten, auch versöhnt unter einander, erhalten freie Religionsübung.
1436	Zu Iglau in Mähren ertheilt Sigmund neue Zusicherungen und wird
25. Aug. 1436	in Prag aufgenommen. Ende der Husitenkämpfe im engern Sinne; aber auch später noch machen die Husiten feindliche Einfälle in die Nachbarländer, theils auf gegebene Veranlassung, theils ohne solche. Die milderen Husiten verschmelzen nach und nach immer mehr mit den Katholiken, die hinwiederum nicht ganz sich ab-
s. 1457	schliessen gegen Reformideen, die Taboriten aber gehen in die böhmischen und mährischen Brüder über.
9. Dec. 1437	zu Znaym stirbt Sigmund.
1438—1806	**Haus Oesterreich** (1438—1740 Habsburg. 1745—1806 Habsburg-Lothringen). [Hauptquellen: Aen. Sylvii opera. Chronicon hirsaug. v. Trithemius. v. Lichnowsky, Geschichte des Hauses Habsburg, mit vielen Urkunden. Regesta Friderici IV. (III.) v. Joseph Chmel. 1838—1840.]
1438—1439	**Albrecht II.**, geb. 1397, seit 1420 Sigmund's Schwiegersohn, Herzog von Oesterreich, katholisch streng, Verfolger der Ketzer und Juden, sonst tüchtig als Regent. In Oesterreich, und selbst in Ungarn und Deutschland (gewählt den 18. März), folgt er ohne grosse Schwierigkeit, in Böhmen kann er sich nur unter beständigen Kämpfen gegen die patriotische und husitische Partei (Alexius Sternberg, Georg Podiebrad u. a.) halten; nur die Katholiken sind für ihn. Barbara, Sigmund's Wittwe, bewegt die strengen Husiten, den dreizehnjährigen Prinzen Casimir v. Polen zu wählen. Derselbe tritt aber auf Verlangen seines Bruders, des Königs von Polen, bald zurück. Albrecht II. ernennt Ulrich v. Cilley (Bruder d. Königin Barbara), und als dieser von ihm abfällt, Mainhard v. Neuhaus und Ulrich v. Rosenberg zu Statthaltern. Auch er, wie seine Vorgänger, war auf Herstellung des Land-

	friedens bedacht und wollte ihn kraft königlicher Gewalt aufrichten. Obwohl streng katholisch, steht er mehr auf Seiten des Concils von Basel, als des Papstes. Das Concil aber dringt auf Reformation der Kirche und setzt darum durch: Abstimmung nach Stimmenmehrheit, statt nach Nationen; Aufhebung einiger päpstlicher Einkünfte (der Annaten); überhaupt grössere Selbstständigkeit d. Landeskirchen.
1438	zu Ferrara eröffnet der Papst ein Gegenconcil, angeblich um die Union mit der griechischen Kirche daselbst zu verhandeln. Dieses verlegt er nach
1439	Florenz (der Pest wegen), wo die Union durchgeht, die jedoch im byzantin. Reiche von Geistlichkeit und Volk zurückgewiesen wird. Johann VI. Paläolog. Bessarion.
1439	zu Mainz erklären sich Kaiser und Kurfürsten im Streite zwischen dem Concil und dem Papste Eugen IV., den das Concil bald darauf absetzt, für neutral, stimmen aber den Forderungen des Concils bei.
27. Oct. 1439	zu Gran stirbt Albrecht II. an der Ruhr auf einem unglücklichen Zuge gegen die Türken (Murad II.). Er hinterlässt nur Töchter; erst nach seinem Tode wird ein Sohn
1440—1457	Ladislaus (posthumus) von seiner Gemahlin Elisabeth noch geboren (22. Febr. 1440). In Oesterreich und Böhmen tritt eine Regentschaft für ihn ein, in Ungarn wird Wladislav III., König von Polen, gewählt. Die deutschen Kurfürsten erheben
1440—1493	**Friedrich III.**, geb. 21. Sept. 1415, Sohn Herzog Ernst's des Eisernen von Oesterreich, Steyermark, Kärnthen und Krain, auf den Thron, einen schwachen Fürsten, der wohlwollend war und guten Willen zeigte, aber dem Vorwurfe der Bigoterie, des Geizes und der Hartnäckigkeit nicht entgangen ist. Kämpfe und innere Vorgänge in Deutschland.
1446—1451	1. Der Sächsische Bruderkrieg (nach der Altenburger Theilung und dem Hallischen Machtspruch 1445) zwischen Friedrich dem Sanftmuth. und Wilhelm v. Weimar, beendigt durch den
27. Jan. 1451	Vergleich von Pforta (Apel v. Vizthum, Hermann v. Harras, Eroberung von Gera 1450). Im Zusammenhang mit dem Bruderkrieg steht
7.-8. Juli 1455	der Prinzenraub durch Kunz v. Kauffungen und Wilhelm v. Mosen. Prinz Albert am 8., Ernst am 11. Juli wieder frei.
1485	Leipziger Theilung in die Ernestinische und Albertinische Linie.
1458—1461	2. Die Pfälzer Fehde gegen Friedrich d. Siegreichen v. d. Pfalz, der sich die Kurwürde der Pfalz, die er für seinen Neffen verwalten sollte, selbst übertragen lässt, indem er den Neffen für seinen Erben erklärt. K. Friedrich III. erkennt ihn nicht an. Gegen ihn ausser Albrecht Achilles v. Brandenburg, der ihn im Auftrag des Reiches bekämpft: Mainz, Ulrich v. Würtemberg, sein Vetter Ludwig v. Veldenz, Graf Leiningen u. a.
4. Juli 1460	bei Pfeddersheim siegt Friedrich d. S. über seine Gegner, die — mit Ausnahme Friedrich's III.
1461	im Frieden von Baden seinen Forderungen sich unterwerfen.
1459—1463	3. Die bayrische Fehde zwischen dem mit Friedrich dem Siegr. verbündeten Herzog Ludwig dem Reichen y. Bayern und dem

Friedrich III. Kämpfe im Reiche. Der schwäbische Bund.

	Markgrafen Albrecht Achilles v. Brandenb. wegen der Stadt Donauwerth und anderer Streitanlässe. Der K. Friedrich III. entscheidet gegen Ludwig d. R. und ernennt Albrecht Achilles zum Reichsfeldherrn.
1462	bei Giengen siegt Ludwig v. Bayern. Durch Podiebrad's Vermittelung wird
1463	d. Friede zu Prag geschlossen.
1463	4. Die Mainzer Fehde des vom Papste entsetzten und von Friedrich d. Siegreichen unterstützten EB. Dietrich von Mainz gegen den vom Papste bestätigten, durch eine Gegenpartei gewählten Adolf v. Nassau. Zwar siegt Friedrich
30. Juni 1463	bei Seckenheim, willigt aber bald in einen für ihn vortheilhaften Vergleich, durch den Adolf das Erzbisthum, Dietrich aber Güter und Einkünfte erhält.
	5. Die Cölner Händel. Zwist zwischen dem ungeistlichen Kurfürsten Ruprecht v. Cöln, Bruder Friedrich's des Siegreichen, und seinem Domcapitel.
1468—1469	unterstützt Friedrich d. Siegr. seinen Bruder und erhält ihm Cöln.
1472—1475	Neuer Streit zwischen Nuys, Cöln, Bonn und dem Kurfürsten. Landgraf Hermann v. Hessen wird vom Domcapitel zum Administrator des Erzbisthums ernannt und von Hessen und zuletzt vom Reiche unterstützt, während Ruprecht bei Karl d. Kühnen v. Burgund Hülfe findet.
1474—1475 29.Juli-28.Juni	Belagerung v. Nuys, das der Administrator mit 1500 Hessen hält, durch Karl's d. K. Heer. Bei der Annäherung des Reichsheeres unter Albrecht Achilles und Albrecht dem Beherzten giebt Karl d. K. die Belagerung und den Kurfürsten auf und Hermann wird Kurfürst.
	6. Die Schweiz wird durch Friedrich's III. Politik dem deutschen Reiche immer mehr entfremdet.
1442	verbindet sich Friedrich III. mit Zürich, das mit den Kantonen Glarus und Schwyz über die Toggenburger Erbschaft in Krieg gerathen war. Die Eidgenossen stehen auf Seiten von Glarus und Schwyz.
1443	bei St. Jacob a. d. Sil werden die Zürcher geschlagen. Auch die von Friedrich III. zur Unterstützung der Zürcher herbeigerufenen französ. und burgund. Söldner, die Armagnacs, die 50,000 stark unter dem Dauphin heranziehn, können
1444	bei St. Jacob a. d. Birs 1500 Schweizer nur mit Noth überwältigen und wenden sich in den Elsass und den Schwarzwald.
1449 1452	Friede zwischen der Schweiz und Friedrich III., der an die erstere auch noch die Grafschaft Kyburg abgiebt. Die Schweiz nimmt die Bezeichnung
1450	des Schweizerbundes an und gehört nun nur noch dem Namen nach zu Deutschland. (Doch noch einige Steuern und Beziehungen zum späteren Reichskammergerichte.) Militärischer Ruhm der Schweizer; sie treten immer zahlreicher in auswärtige Dienste.
	7. Der schwäbische Bund. Durch Bestätigung des Landfriedens von Frankfurt a. M. 1486 und mit Hinzuziehung des Ritterbundes von St. Georgen Schild wird von Friedrich III. 6. Juli 1487 eine Verbindung zum Zwecke des Landfriedens gestiftet, die durch Beitritt von 22 Reichsstädten und bald auch der

Febr. 1488	süddeutschen Fürsten erweitert wird und den Namen des schwäbischen Bundes erhält.
1436—1440	8. **Erfindung der Buchdruckerkunst** durch **Johannes Gutenberg** (geb. in Mainz 1397 od. 1401) zu **Strassburg** (Presse und bewegliche Holzlettern); seit 1445 Gutenberg wieder in Mainz und in Verbindung mit **Johann Faust** und **Peter Schöffer** aus Gernsheim, der Metalllettern und die Druckerschwärze erfindet. (Linnenpapier zum Schreiben schon im Anfang des XIV. Jahrh. vorhanden.) 1456 erste gedruckte latein. Bibel. 2 Bde. fol. 1457 die Psalmen. Seit 1462 Verbreitung der Kunst. Gutenberg † 1468.
	Die grosse Sache der Kirchenreform giebt Friedrich III. auf, indem er
1431—1449	das Baseler Concil fallen lässt. Dasselbe hatte nach Entsetzung Eugen's IV. Felix V. (Grafen v. Savoyen) zum Papste gewählt, der nur kurze Zeit Ansehn geniesst. Aeneas Sylvius Piccolomini, Felix V. Geheimschreiber, verlässt die Dienste des Papstes und wird Friedrich's III. Kanzler. Als solcher bewirkt er, dass nach Eugen's IV. Tode Nicolaus V. von Friedrich III. anerkannt, dem Baseler Concil das freie Geleit gekündigt und
1448	das Wiener (Aschaffenburger) Concordat mit dem Papste geschlossen wird, durch welches das Papstthum die beanspruchten Rechte — besonders in Betreff der Stellenbesetzung — zurückerhält.
1449	löst sich das Concil auf; Felix V. dankt ab. Aeneas Sylvius verbietet als
1458—1464	Pius II. durch die Bulla: 'Execrabilis' selbst d. Berufung auf ein Concil (1460).
1447	stirbt in Mailand das herzogliche Haus Visconti im Mannsstamm aus.
1450	Franz Sforza, Schwiegersohn des letzten Herzogs, setzt sich mit Gewalt in den Besitz Mailand's und nimmt den Herzogstitel an.
1452	Romzug Friedrich's III. Er zieht durch Oberitalien, ohne Mailand zu berühren, über Bologna und Florenz nach Rom, vermählt sich dort mit der portugies. Prinzessin Leonore, wird zum König der Lombarden gekrönt und empfängt
19. Mrz. 1452	die Kaiserkrone einige Tage darauf mit seiner Gemahlin zugleich.
	Am Besten gelingt dem Kaiser die Vergrösserung seiner Hausmacht.
	Er vereinigt Oesterreich unter seiner Regierung, erwirbt die Niederlande und die Freigrafschaft Burgund und gewinnt bereits vertragsmässige Ansprüche auf Ungarn.
	1. Oesterreich kommt nach Ladislaus' posthumus Tode, über den er seit 1452 die Vormundschaft wieder verloren hatte (die dann abwechselnd von Graf Ulrich Cilley und dessen Gegner Ulrich Eyzinger geführt ward),
1457	nur zum Theile, nach seines Bruders Albrecht VI. Tode aber
1463	ganz an ihn. Wiederholte Händel und Kämpfe mit letzterem; Aufstand Wiens
1462	unter Wolfgang Holzer; Podiebrad's Friedensvermittelung; Ende Wolfg. Holzer's durch Albrecht VI.
1490	wird auch Tirol von seinem Neffen Sigmund († 1496) an ihn abgetreten.
	2. **Böhmen** vermag Friedrich III. nicht zu gewinnen.

Friedrich III. Böhmen (Podiebrad). Ungarn (Matthias Corvinus).

1440—1448	Häufige Wechsel der Regierung in Böhmen und Verwirrung in Folge dessen. (Eine Regentschaft; Kreisvorsteher an der Spitze; dazwischen Versuche der Königin Barbara, die Regentschaft zu erlangen.)
1448	Georg Podiebrad (Georg Boczko v. Podiebrad-Cunstatt, Sohn Herant's v. Cunstatt und P., geb. 1420) kämpft mit bei Lipan 1434, gelangt früh zu Ansehn unter den Husiten, bemächtigt sich
1448—1456	Prag's (Mainhard v. Neuhaus gefangen †) und führt die Regierung für Ladislaus. Nach dessen Tode
1457	wird er zum König gewählt. Als König hält sich
1457—1470	Podiebrad unter den innern Kämpfen und gegen den Bann des Papstes. Pius II. unterstützt ihn anfangs, da er sich der kathol. Kirche zu nähern scheint. Aber Podiebrad's Gleichgültigkeit bei der Türkengefahr macht Pius II. zu seinem Gegner. Pius II. setzt den husit. EB. Rokiczana ab, verbietet den Kelch, erklärt die Prager Compactaten für nichtig und fordert das kathol. Breslau zum Widerstande gegen den König auf. Hierauf wendet sich Podiebrad den Husiten wieder ganz zu.
1466	Paul II. lässt einen Kreuzzug gegen Podiebrad predigen und regt den Kaiser und Podiebrad's Schwiegersohn, Matthias Corvinus v. Ungarn, gegen ihn auf. Podiebrad aber schlägt das Kreuzheer und hält sich bis an seinem Tod. Auch nach seinem Tode vermag Friedrich III. nicht, Böhmen an sich zu bringen.
1471—1516	Wladislav II. (in Ungarn Ladislav VII. genannt), Sohn Casimir's II. v. Polen, Neffe von Ladislaus posthumus, wird König und erhält 1490 auch Ungarn.
1516—1526	Ludwig (in Ungarn Ludwig II.), dessen Sohn, fällt in der Schlacht bei Mohacz. Darauf Böhmen an König Ferdinand, Kaiser Karl's V. Bruder.
	3) Ungarn.
1440—1444	Ladislav V., König von Polen (wo er Wladislav III. heisst), in Ungarn auch König genannt, fällt in der Schlacht bei Varna 1444 gegen die Türken.
1444—1456	Johann Corvinus v. Hunyad wird Regent und erzwingt sich Anerkennung, sowie Achtung als Vorkämpfer Europa's gegen die Türken. Die ungarische Krone und seinen Mündel Ladislaus posthumus hat Friedrich III. bei sich, muss aber letzteren an Graf Ulrich Cilley, den mütterlichen Oheim von Ladislaus' Mutter Elisabeth, Bruder der Königin Barbara, 1452 übergeben, der dann abwechselnd mit dem Ritter Eyzinger, seinem Gegner, die Vormundschaft und Regentschaft führt.
1456	Johann C. v. Hunyad entgeht den Nachstellungen Ulrich Cilley's und stirbt nach einem Siege über die Türken b. Belgrad.
1456	Ulrich Cilley kommt durch Ladislaus und Matthias C. v. Hunyad, die Söhne Johann's, denen er ebenfalls nachstellt, um's Leben. Ladislaus v. Hunyad wird auf Befehl des jungen Königs Ladislaus posthumus hingerichtet, Matthias kommt als Gefangener in Podiebrad's Gewalt. Nach Ladislaus' posthumus Tode wird er von den Ungarn zum König gewählt, von Podiebrad freigelassen und heirathet Podiebrad's Tochter.

1457—1490	Matthias Corvinus, 15 Jahre alt, aber schon tüchtig, tapfer, gebildet.
1463	Er nöthigt Friedrich III., der ungarischen Krone zu entsagen und mit der Anwartschaft auf dieselbe für den Fall, dass Matthias C. ohne Kinder sterbe, sich zu begnügen. Matthias Corvinus schützt Ungarn und Deutschland gegen die Türken. Husaren eingeführt.
1464	stirbt Pius II., im Begriff, mit Venetian. Kriegsschiffen gegen die Türken (Eroberung Constantinopels durch Muhamed II. 29. Mai 1453) zu ziehen. Die Expedition unterbleibt.
1468	verspricht Friedrich III. dem König Matthias, ihm nach Podiebrad's Tode Böhmen zu verschaffen, und bringt ihn in Zwiespalt und Krieg mit Podiebrad auf Antrieb des Papstes, der Podiebrad gebannt hat. Podiebrad ernennt deshalb mit Uebergehung seiner Kinder und seines Schwiegersohnes Matthias Corvinus
1471	Wladislav (II.), Casimir's II. v. Polen Sohn, zu seinem Nachfolger.
1471—1478	Krieg nach Podiebrad's Tode zwischen Polen (mit Böhmen) und Matthias v. Ungarn, wobei Schlesien und Breslau zu Ungarn halten.
1477	belehnt Friedrich III. Wladislav II. mit Böhmen. Die Könige von Polen und Ungarn einigen sich dahin, dass Mähren, Schlesien und die Lausitz an Ungarn fallen, Böhmen aber Wladislav II. zum König erhält. Darauf fällt Matthias Corvinus in Oesterreich ein und besetzt es. Es fällt auch
1485 1486	Wien in seine Hände. Friedrich III. geht in's Reich, hält sich in den Reichsstädten auf und setzt die Wahl seines Sohnes Maximilian zum röm. Könige durch. Ein Reichsheer unter Albrecht d. Beherzten von Sachsen zieht gegen Matthias, ohne etwas auszurichten.
1487	Waffenstillstand, in dem Mattbias das Eroberte behält bis zur Zahlung aller von ihm beanspruchten Entschädigungen.
1490	stirbt Matthias. Die Ungarn wählen Wladislav II. v. Böhmen zum König, als Ladislav VII. Die eroberten Theile von Oesterreich werden von Maximilian zurückerobert und selbst die Thronfolge in Ungarn durch den Vertrag von Pressburg ihm zugesagt. Noch aber bleiben
1490—1526	Ungarn und Böhmen verbunden unter eignen Königen, die in Ungarn heissen
1490—1516	Ladislav VII. und
1516—1526	Ludwig II., dessen Sohn. Darauf kommt auch Ungarn an König Ferdinand und das Haus Oesterreich, das jedoch noch über 150 Jahre (bis 1687) um seinen Besitz zu kämpfen hat. Anhang. Bestrebungen und Kämpfe Karl's des Kühnen v. Burgund, welche Deutschland und die Regierung Friedrich's III. berühren. Den Kern des Reiches Karl's des Kühnen bildet das von Hoch- und Niederburgund (seit 1032 zum deutschen Reiche gehörig) wohl zu unterscheidende französische Herzogthum Bourgogne mit Dijon als Hauptstadt.
1001	kommt dieses an die Krone Frankreich. König Robert giebt es seinem Sohne

1031	Robert und stiftet so eine capetingische herzogliche Nebenlinie in Burgund.
1031—1361	Herzöge von Burgund aus dem Hause der Capetinger. Bei dem Aussterben derselben giebt König Johann d. Gute aus dem Hause Valois das Herzogthum 1363 seinem jüngern Sohne Philipp.
1363—1477	Herzöge von Burgund aus dem Hause Valois. 1363—1404 Philipp d. Kühne. 1404—1419 Johann d. Unerschrockene. 1419—1467 Philipp d. Gute (Karl VII. v. Frankreich. Heinrich V. u. VI. v. England. Die Jungfrau v. Orléans) und
1467—1477	Karl der Kühne, reich, tapfer, ehrgeizig. Er wünscht sein gross gewordenes Herzogthum, zu dem die ganzen Niederlande (Batavien und Belgien) nach und nach gekommen sind, zu dem er die vorderösterreichischen Besitzungen
1468	in Schwaben und Elsass verpfändet erhalten hat, zu dem er endlich
1471	das Herzogthum Geldern und die Grafschaft Zütphen durch Kauf erworben hat, durch den Kaiser in ein Königreich verwandelt zu sehen und will dagegen seine einzige Tochter Maria an Friedrich's III. Sohn Maximilian verheirathen.
Oct. 1473	Zu Trier kommen die Herrscher zusammen. Der Kaiser, welcher seit 20 Jahren die deutschen Fürsten vergeblich zum Türkenkriege aufgefordert hat, sucht jetzt den Herzog von Burgund dafür zu gewinnen. Dieser macht geltend, dass er seine Kriegsmacht gegen Frankreich brauche. Die weitern, meist geheimen Verhandlungen führen die Herrscher auseinander, und schon 1474 steht Karl d. K. in den wieder ausgebrochenen Cölner Händeln (Belagerung v. Neuss) dem Kaiser gegenüber. Nach dem Tode Karl's d. K., der bei Granson (3. März 1476) und bei Murten (22. Juni 1476) von den Schweizern besiegt u.
5. Jan. 1477 Aug. 1477	bei Nancy abermals geschlagen und getödtet wird, vermählt sich s. Tochter Maria v. Burgund mit Maximilian. Frankreich zieht die französ. Lehen von Burgund ein. Krieg mit Maximilian.
7. Aug. 1479	Bei Guinegate wird Ludwig's XI. Heer von Maximilian besiegt.
1482	stirbt Maria in Folge eines Sturzes vom Pferde. Philipp (der Schöne), ihr vierjähriger Sohn, folgt ihr in den Niederlanden, und die Stände, eifersüchtig auf Maximilian, der als Vormund die Regentschaft führt, schliessen selbst mit Frankreich
23. Dec. 1482	zu Arras Frieden. Das eigentlich französische Herzogthum Bourgogne, die Freigrafschaft Burgund (Franchecomté), Artois und einige andere Mannlehen kommen an Frankreich, zum Theil als Aussteuer der kleinen Prinzessin Margarethe, Max' und Maria's Tochter, die mit dem franz. Dauphin verlobt wird.
1488	Empörung zu Brügge gegen Maximilian. Er wird gefangen gehalten. Friedrich III. eilt in die Niederlande, um ihn zu befreien, doch wird Max schon vorher durch Vertrag wieder frei.
1488	Albrecht von Sachsen führt eine Zeit lang die Reichsstatthalterschaft in den Niederlanden und wird später
1498	Erbstatthalter von Friesland. Maximilian verlobt sich wieder mit Anna v. Bretagne, die jedoch bald gezwungen wird,

1491	Karl VIII. (seit 1483 König v. Frankreich) zu heirathen, nachdem dieser seine Verlobung mit der nun zwölfjährigen Prinzess. Margaretha (Maximilian's Tochter) aufgelöst hat. Neuer Krieg zwischen Frankreich und Maximilian, bald beendigt durch den
1493	Frieden v. Senlis. Karl VIII. giebt die Mitgift Margaretha's: die Freigrafschaft und Artois (ohne Boulogne) heraus.
1487	Das Vorgebirge der guten Hoffnung (Cabo tormentoso) durch Bartolomeo Diaz entdeckt.
1498	Der Seeweg nach Ostindien gefunden von Vasco da Gama. Calecut auf Malabar.
12. Oct. 1492	Entdeckung America's (Ins. Guanahani oder St. Salvador) durch den Genuesen Cristoforo Colombo (geb. 1456, ausgefahren aus dem Hafen v. Palos den 3. Aug. 1492). Vier Fahrten: 1492, 1493—4, 1498 (Gefangennehmung Colombo's), 1502. Colombo † 1506.
19. Aug. 1493	zu Linz stirbt Kaiser Friedrich III. an der Ruhr (wie Albrecht II. in Folge des Genusses von Melonen).
	[Hauptquelle f. Maximilian's Zeit und d. ital. Kriege: Fr. Guicciardini, storia d'Italia. Venezia 1775. 4 Tom. 4to.]
1493—1519	**Maximilian I.**, geb. 22. März 1459, wohlwollend und gerecht, gebildet und hochsinnig im Geiste seiner Zeit und des Ritterthums, kräftig und gewandt im Ritterspiel, wie tapfer und muthig im Ernst der Schlacht, in seiner äusseren Politik nicht glücklich, in seiner innern aber nicht ohne alles Verständniss für die grossen Aufgaben, die seiner Regierung in Deutschland sich stellen.
1494	Maximilian vermählt sich in zweiter Ehe mit Blanca Maria Sforza, Enkelin von Franz Sforza, und belehnt Ludovico Moro, ihren Oheim, mit Mailand. Dann nimmt er Theil an der
1495	Ligue v. Venedig, welche Papst Alexander VI., Ferdinand der Kathol. von Spanien und Ludovico Moro gegen Karl VIII. von Frankreich schliessen, der sich 1495 Neapel's bemächtigt und Ferdinand II. von Neapel vertrieben hat.
	Neapel: 1266—1438 Haus Anjou. Nach dessen Aussterben mit Johanna II. kämpft Alfons I., König von Aragonien und Sicilien, 1420 von Johanna II. zum Erben eingesetzt, gegen Herzog Ludwig III. von der jüngern Linie Anjou-Valois (der, 1423 von Johanna II. eingesetzt, seinen Bruder Renatus von Lothringen nach Italien schickt), und behauptet sich in Neapel, giebt aber 1458 Neapel als selbstständiges Reich an seinen Sohn Ferdinand I. (1458—94). Diesem folgt s. Sohn Alfons II. (1494—5); d. letztere übergiebt bei Annäherung der Franzosen die Regierung seinem Sohne Ferdinand II., der das Land verlässt und nach dem Rückzuge der Franzosen in Folge der Ligue von Venedig zurückkehrt. Ihm folgt noch 1496—1501 Friedrich II., sein Oheim.
1495	bei Fornovo unweit Parma schlägt sich Karl VIII. durch, verliert aber Neapel wieder.
	Nach Verhandlungen zu Blois (1504), die zu engerer Verbindung und bestimmten Verträgen zwischen beiden führen, belehnt Maximilian I. den König Ludwig XII.
1505	zu Hagenau mit Mailand, das dieser 1499 und 1500 erobert hat. (Moro † als Gefangener in Frankreich.) Das gleichfalls eroberte Neapel verliert Ludwig XII. an seinen Verbündeten, König Ferdinand d. Kathol., 1503 und verzichtet darauf 1505. (Vermählung

1508	Ferdinand's des Kath. mit Germaine de Foix, Ludwig's XII. Nichte.) Ligue von Cambray, von Ludwig XII., Papst Julius II., Ferdinand d. K., Max I. gegen die Venetianer geschlossen; von Seiten des letztern, um die Venetianer zu züchtigen, die ihm den Durchzug bei der beabsichtigten Romfahrt zur Kaiserkrönung verweigert hatten. Er war daher
1507	zu Trient vom Erzbischof von Salzburg, als päpstl. Legaten, gekrönt worden. Max I., mit seinen Verbündeten anfangs glücklich (Sieg Ludwig's XII. über die Venetianer bei Agnadello 1509), richtet bald nichts mehr aus, kehrt nach Deutschland zurück und schliesst 1512 Waffenstillstand mit Venedig. Dann tritt er der kurz vorher gestifteten
s. 1511	heil. Ligue bei, die Julius II. mit Venedig, Spanien, England (Heinrich VIII.) zur Vertreibung der Franzosen aus Italien geschlossen hat.
1511—1514	Krieg gegen Frankreich, in dem die Franzosen durch Gaston de Foix in Brescia über die Venetianer und bei Ravenna (14. April 1512 Gaston †) über Spanier und Päpstliche siegen, dann aber durch vom Papste gewonnene Schweizer Mailand an Maximil. Sforza, Moro's Sohn, verlieren, darauf mit Venedig sich aussöhnen und zur Wiedereroberung Mailand's verbinden, gleichwohl aber
6. Juni 1513	bei Novara von den Schweizern geschlagen und aus Italien vertrieben werden. Einfälle der Spanier, Engländer, Schweizer in Frankreich und der Sieg Maximilian's I. über die französ. Reiterei
17. Aug. 1513	bei Guinegate in Artois (journée des éperons) nöthigen Ludwig XII. zum Frieden. Gegen Ludwig's Nachfolger, Franz I. (1515—47), der sich mit Genua und Venedig zur Eroberung Mailand's vereinigt hat, verbindet sich Kaiser Max I. mit Leo X., Ferdinand d. K. und Maximil. Sforza, dessen Schweizertruppen aber
13. u. 14. Sept. 1515	bei Marignano von Franz I. geschlagen werden. Darauf tritt Sforza Mailand gegen eine französ. Pension an Frankreich ab, Leo X. fällt ab, die Schweizer, durch französ. Geld gewonnen, schliessen 1516 mit Frankreich den ewigen Frieden, und Kaiser Max I. auf dem
Aug. 1516	Congress in Noyon versöhnt sich mit Franz I. und belehnt ihn mit Mailand. Für Deutschland wird vom Kaiser
1495	der ewige Landfriede zu Worms auf Verlangen der Reichsstände aufgerichtet, das schon von Friedrich III. herrührende Reichskammergericht als ein ständisches Institut eingesetzt und eine allgemeine Reichssteuer (der gemeine Pfennig) eingeführt. Auf dem
1500—1502	Reichstage zu Augsburg wird das (bald wieder eingegangene) Reichsregiment, eine Art ständischer Ausschuss, als Reichsrath eingesetzt und in Verbindung damit das Reich in 6, später
1512	zu Cöln in 10 Reichskreise unter Kreisobersten eingetheilt.

Auf die Zustände der Kirche wirkt der im XIV. Jahrh. eingetretene Verfall des Papstthums auch im XV. Jahrh. noch fort. Sitt-

lichen Ernst und christliche Religiosität pflegen und pflanzen die auch für christliche Wissenschaft, besonders das Bibelstudium wichtigen, von Gerhard Groot zu Deventer († 1384) gestifteten, Brüder vom gemeinsamen Leben.
Einzelne ausgezeichnete Prediger: Johannes Tauler (1290 b. 1361) in Cöln und Strassburg. Johann Geiler von Kaisersberg (1415—1510) in Freiburg und Strassburg.
Als Theologen waren in weiteren Kreisen wirksam: Heinrich Suso (1300—1366): Das Büchlein von der ewigen Weisheit. Thomas v. Kempen (1380—1471): De imitatione Christi.

Universitäten: 1348 Prag. 1365 Wien. 1368 Genf. 1386 Heidelberg. 1388—1797 Cöln. 1392—1810 Erfurt. 1402 Würzburg. 1409 Leipzig. 1419 Rostock. 1426 Löwen. 1454—1797 Trier. 1456 Greifswald. 1457 Freiburg. 1460 Basel. 1472 b. 1802 Ingolstadt. 1476—1798 Mainz. 1477 Tübingen. 1502—1815 Wittenberg. 1506—1811 Frankfurt a. d. O.

Dichter des XIV. und XV. Jahrh.

Lyriker (Meistersänger).
Hugo von Montfort (1354—1423). Oswald von Wolkenstein 1367—1445). Muscatblüt (XV. Jahrh.). Clara Hätzlerin aus Augsburg (XV. Jahrh.): Liederbuch. Michael Behaim (1416—71). Heinrich v. Laufenberg (Geistl. im XV. Jahrh.): Geistliche Lieder.

Didaktiker und Satiriker:
Sebastian Brant (1458—1521): Das Narrenschiff.

Epiker:
Kaiser Maximilian I.: Der Teuerdank, redigirt von Marx Treizsaurwein und Melchior Pfinzing; der Weiskunig, redigirt von Marx Treizsaurwein. Johannes Rothe († 1434): Leben der heil. Elisabeth. Peter Suchenwirt (XIV. Jahrh.). Halbsuter: Schlacht bei Sempach. Veit Weber: Kämpfe gegen Karl d. Kühnen.

Prosaiker:
Der Eulenspiegel, Volksbuch von unbekannt. Verf. (XV. Jahrh.). Joh. Rothe: Düringische Chronik. Manche städtische Chroniken deutscher und schweizerischer Städte (z. B. Strassburger, Breslauer, Cölner, Limburger Chronik).